Oliver Kockskämper

Die 30 schönsten E-BIKE TOUREN im Ruhrgebiet

Über Flussradwege und Alte Bahntrassen

INHALT

Die Touren

Kurze Rast mit Aussicht auf den Harkortsee

An der Rheinorange vermischen sich die Fluten der Ruhr mit den Wogen des Rheins

Mit Ortsporträts von

DIE 30 SCHÖNSTEN E-BIKE-TOUREN IM RUHRGEBIET

Die Industeriekultur ist allseits gegenwärtig – wie hier an der Zeche Ewald

GLÜCK AUF!

Diesen traditionelle Bergmannsgruß hören wir überall, wenn wir im Ruhrgebiet mit unseren E-Bikes unterwegs sind. Ja, die Menschen im Revier: Ein „ganz besonderer Schlag" – offen, ehrlich, bescheiden, arbeitsam und scheinbar immer gut gelaunt. Das mag daran liegen, dass das Ruhrgebiet seit Jahrhunderten ein Schmelztiegel der Nationen ist. Hier gab es in der Vergangenheit immer harte, aber gut bezahlte Arbeit und das zog Menschen aus ganz Europa an.

Übrigens: Mit „Glück Auf" meinte der Bergmann „Glücklicher Aufschluss", das Finden einer Lagerstätte. Als Bergbau bezeichnet man das Aufsuchen, Erschließen, Abbauen, Fördern und Aufbereiten mineralischer Bodenschätze, bei denen es sich im Revier früher vor allem um Steinkohle handelte. Während bis ins 16. Jhd. nur an der Oberfläche in sogenannten „Pingen" der Ruhrzone geschürft wurde, begann man im 17. Jhd., in die Tiefe zu gehen. In brunnenähnlichen Schächten, den „Pütts", arbeiteten sich die Bergleute tief unter Tage vor, um die Flöze (Steinkohlenlagerstät-

Kaum zu glauben: Wir radeln durch weite Natur und sind doch mitten im Ruhrpott

ten) zu erreichen. Über lange Zeit war schwarzes Gold ein Garant für den Wohlstand des ganzen Landes.

Und so gehört es zu unserem Pflichtprogramm, das Deutsche Bergbau-Museum Bochum zu besuchen. Im größten Bergbaumuseum der Welt fahren wir unter Tage und bekommen im originalgetreuen Anschauungsbergwerk einen intensiven Eindruck von der einst gefährlichen und vor allem ungemein anstrengenden Arbeit der „Kumpel". Danach geht es hoch hinaus auf den Förderturm, um die Region zu überblicken, die sich zu einem idealen Radel-Revier entwickelt hat.

Wo einst die Eisenbahnen zwischen Zechen und Hochöfen rumpelten, wurden erstklassige Fahrradtrassen angelegt. Die Namen erinnern an die gute alte Zeit und nennen sich HOAG-Bahn, Erzbahntrasse, Kohlenbahntrasse, Niederbergbahn oder Nordbahntrasse.

Die Lebensader des Reviers ist seit jeher die Ruhr, deren begleitender Radweg sich zu einem der beliebtesten Fernradwege Deutschlands entwickelt hat. Kein Wunder, denn wir radeln mitten durch eine der am dichtesten besiedelten Regionen Europas und haben dennoch viel Grün um uns und eine weitgehend autofreie Trasse unter uns. Auch an den anderen Flüssen des Reviers schlängeln sich beste Radwege entlang. Klar,

dass wir auch hier unsere Pneus rollen lassen: Rhein, Lippe, Emscher, Kuhbach oder Rotbach sind nur einige von ihnen.

Aber der „Ruhrpott" hat noch ein großes Pfund, mit dem er radtechnisch wuchern kann: Seit Jahrzehnten durchziehen Kanäle die Region, um Waren auf dem Wasserweg von A nach B befördern zu können. An deren Ufern lässt es sich perfekt, autofrei und mit vielen Erlebnissen radeln.

Wenn wir zwischendurch durstig oder hungrig werden, gibt es auf keiner der Strecken einen Engpass: Restaurants, Cafés, Bäckereien, Imbisse und reichlich andere Gastronomiebetriebe liegen hier dicht an dicht. Was wir uns auf keinen Fall entgehen lassen dürfen, ist ein Besuch in der „Trinkhalle". Ein etwas irreführender Begriff, denn hier gibt es nicht nur Getränke aller Art. Die Trinkhalle, andernorts auch „Büdchen", „Späti" oder „Bude" genannt, ist in den Stadtteilen meist ein sehr beliebter Treffpunkt für Jung und Alt. Heute würde man die „Trinkhalle" wohl als „Kiosk" bezeichnen, doch entstanden sind die Trinkhallen, als verunreinigte Leitungswasser noch gesundheitliche Risiken mit sich brachte. Die „Malocher" (Arbeiter") tranken stattdessen Bier und Schnaps. Damit das nicht komplett ungezügelt auf den Straßen stattfand, wurden „Trinkhallen" eingerichtet. Betreiber waren meist arbeitsunfähige Bergleute oder Kriegsveteranen. Und um die Verwirrung noch zu erhöhen: Auch den Begriff „Klümpkesbude" werden wir in diesem Zusammenhang lernen. Der Name rührt daher, dass es in diesen Mini-Geschäften neben Getränken, Würstchen und Zeitungen auch Bonbons („Klümpkes") gibt.

Noch mehr Lust auf Besonderheiten des Reviers? Auf unseren Radrunden werden wir immer wieder an „Schrebergärten" vorbeikommen. In dicht besiedelten Gebieten wie dem Revier ist es nicht allen Menschen vergönnt, ein Häuschen im Grünen ihr Eigen zu nennen. Um aus der städtischen Mietwohnung entfliehen zu können, haben sich viele ein kleines Paradies auf einem Campingplatz oder einer Kleingartenanlage geschaffen. Oft sind es viele 100 Einzelparzellen, die zu einer

Ganz gemächlich fließt die Ruhr bei Hattingen

vereinsmäßigen Organisation zusammengeschlossen sind. Während die Schrebergärten zunächst vor allem der Selbstversorgung mit Obst, Gemüse und Blumen, gelegentlich auch zur Kleintierhaltung, dienten, steht seit einigen Jahren eher die Erholung im Vordergrund. Benannt wurden die Kleingartenanlagen nach dem im 19. Jhd. aktiven Leipziger Arzt Daniel Gottlob Schreber.

Dieses Buch soll Appetit machen auf das Radeln im Revier. Die Radwege, die wir hier nutzen, sind bestens ausgebaut und beschildert. Neben großen Schildern mit Ziel- und Zwischenwegweisern gibt es ein dichtes Knotenpunktnetz, an dem wir uns orientieren können. Da unsere Touren ab und an davon abweichen, sind zusätzliche Nummerierungen in den Karten aufgeführt. Und wenn wir uns doch einmal „verfransen": Kein Problem – die freundlichen Menschen im Ruhrpott bringen uns gerne wieder auf den rechten Weg.

Radfahren ist in erster Linie ein Naturgenuss – und damit dieser so naturverbunden wie möglich ist, startet und endet jede der 30 Radtouren an einem Bahnhof. Dabei ist es unerheblich, ob wir uns auf einer der Rund- oder einer der Streckentouren bewegen: Die An- und Anreise ist stets mit einer S-Bahn möglich. Wer mit dem Auto anreist, findet bei jeder Tour in unmittelba-

Das Knotenpunktsystem garantiert uns beste Orientierung

rer Nähe zum Start- bzw. Zielort entsprechende Parkplätze, die wir mit der Adresse benennen.

Die wichtigsten Informationen zur jeweiligen Tour haben wir in den „Blöcken" zu Beginn einer Tour und an den Seitenrändern zusammengefasst – und natürlich auch Möglichkeiten zur Einkehr, denn wir wollen ja nicht nur kurbeln, sondern auch genießen. Um die Tour besser einschätzen zu können, haben wir Angaben zur Streckenlänge und zur Charakteristik des Verlaufs angegeben. Die Kilometerangaben dienen der groben Orientierung und können während der Tour rasch abweichen, wenn wir mal vom Weg abkommen oder einen zusätzlichen Schlenker zu einer Sehenswürdigkeit einlegen.

Kartenmaterial

Die Landschaft im Ruhrgebiet ist dicht besiedelt, aber durch die ausgezeichnete Beschilderung sehr übersichtlich. Das Knotenpunktsystem trägt obendrein dazu bei, den gewünschten Kurs ohne großes Falten von Karten zu finden und ohne Verfahren zu absolvieren. Die kleinen Übersichtskarten in diesem Buch dürften dazu während der Radtour ausreichend sein. Sollte es dennoch wider Erwarten einmal passieren, dass Sie ein Hinweisschild zum Abbiegen übersehen haben, so stoßen Sie in absehbarer Zeit an einen anderen Knotenpunkt und können sich neu orientieren. Wenn Sie unsicher sind, ob Sie sich noch auf dem richtigen Weg befinden, dürfte Ihnen auch ein Blick auf die Karte Ihres Smartphones weiterhelfen. In einem solchen Fall oder auch für die allgemeine Radtourenplanung, z.B. auch für die individuelle Zusammenstellung einer Radtour aus verschiedenen Elementen unterschiedlicher Tourenvorschläge dieses Buches, ist eine größere und detaillierte Radwegekarte natürlich von Vorteil. Dazu gibt es für den Bereich des Ruhrgebiets zwei ADFC-Regionalkarten im Maßstab 1:50.000: radrevier.ruhr Ost + radrevier.ruhr West. Auf diese Weise können Sie z.B. bei Nutzung des ÖPNV auch Strecken planen, bei denen Sie einen anderen Bahnhof für die Abreise wählen als Ihren Startbahnhof.

Die ADFC Regionalkarten gibt es auch als App unter **www.fahrrad-buecher-karten.de/kartenapp**.

GPS

Auch für dieses Buch möchten wir Ihnen als zusätzliche Hilfestellung die Nutzung auf ihrem GPS-Gerät anbieten: Für jede der im Buch aufgeführten Touren stellen wir Ihnen entsprechende Track-Daten zum Download auf Ihren PC oder direkt in unsere Karten-App zur Verfügung:
www.fahrrad-buecher-karten.de/ebiketourendigital
Zugangscode: **RUHR-01-211-670-EBB**

Helfen Sie mit!

Die in diesem Buch enthaltenen Informationen wurden sorgfältig nach bestem Wissen und Gewissen zusammengetragen. Dennoch gibt es in unserer schnelllebigen Zeit ständig Veränderungen: Straßennamen und Wegführungen werden verändert, ebenso Anschriften und Öffnungszeiten. Helfen Sie uns mit, dieses Buch ständig aktuell zu halten, in dem Sie uns etwaige Änderungen unter buecher@bva-bikemedia.de mitteilen. Unser Dank ist Ihnen so gewiss wie der Dank der anderen Leserinnen und Leser!

VIEL SPASS BEIM RADELN!

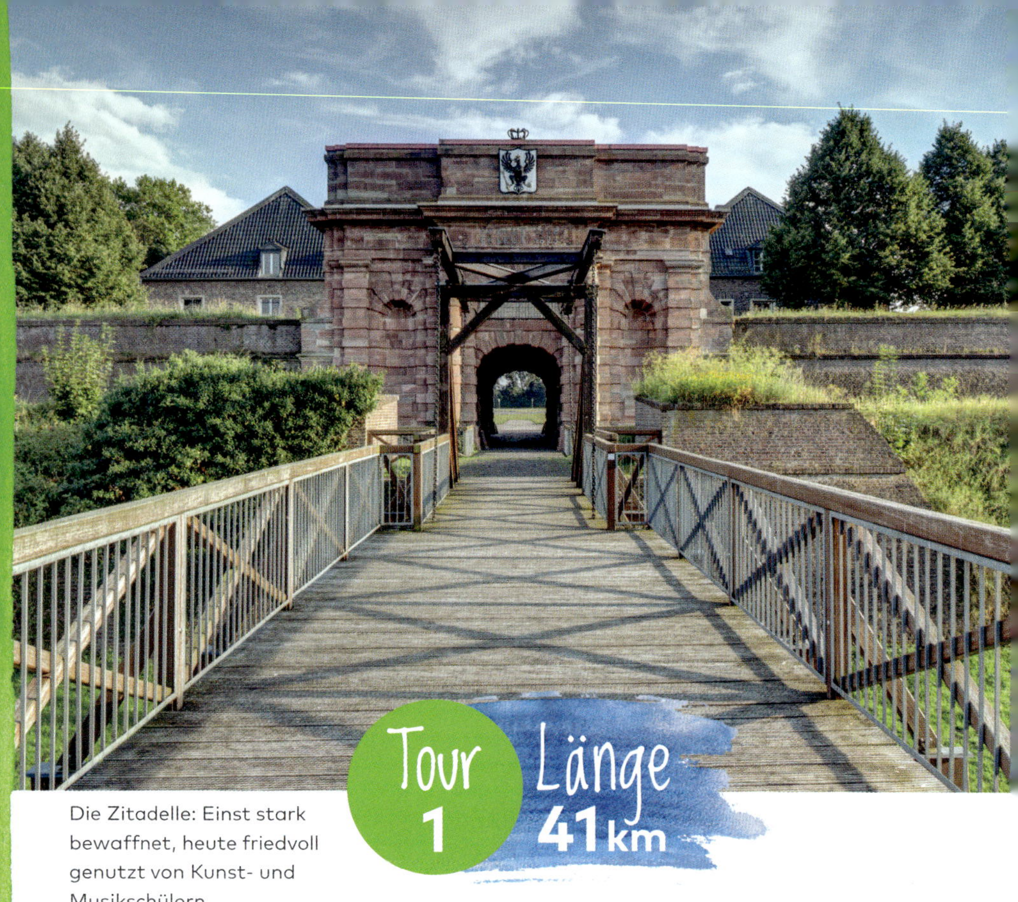

Die Zitadelle: Einst stark bewaffnet, heute friedvoll genutzt von Kunst- und Musikschülern

Tour 1 Länge 41 km

RÖMER UND PREUSSEN

Rundtour von Wesel über Hünxe und Schermbeck

Es fällt schwer, sich in Wesel auf die Räder zu setzen, denn in der „Stadt der Esel" gibt es so unglaublich vieles zu entdecken. Doch es lohnt sich, denn wir radeln auf beiden Seiten der Lippe auf den Spuren der Römer. Am Wegesrand locken tolle Schlösser, afrikanische Genüsse und das kleinste Strommuseum der Welt!

Was erwartet mich?

41 km, eine ebene Tour ohne Anstiege und Gefälle auf einem Mix von Straßen, asphaltierten Wirtschaftswegen, naturbelassenen Wegen und Pfaden – beschildert mit Knotenpunkten und als D7, Römer-Lippe-Route und NiederRheinroute.

Wie komm ich hin?

ÖPNV: Bahnhof Wesel
Mit dem Auto: Park & Ride-Parkplatz Bahnhof Wesel, Friedensstraße 21, Wesel

Was muss ich sehen?

1 Zitadelle Wesel
2 Kleinstes Strommuseum
3 Schloss Gartrop
4 Ortskern Krudenburg

Wo tank ich auf?

Restaurant La[Kula] im Haus Mühlenbrock, Weseler Straße 24, Schermbeck
Ramirez Gastronomie, Maassenstraße 84, Schermbeck
Edgar & Elisabeth im Schlosshotel Gartrop, Schlossallee 3, Hünxe
Dudelbude, Auf dem Dudel 5, Hünxe-Krudenburg
Biergarten und Zeltwiese am alten Lippehafen, Am Lippehafen 17, Wesel

Kartentipp: **ADFC Regionalkarte radrevier.ruhr West**

TOURSTART

Wir starten am Bahnhof von Wesel, den wir am ***Knotenpunkt*** *30 nach links über die Dinslakener Landstraße verlassen, um bei der nächsten Ampel (hinter* ***Knotenpunkt*** *29) links in die Kurt-Kräcker-Straße abzubiegen.*

Vom Bahnhof aus ist es nur ein Katzensprung in die City von Wesel. Weil es hier so viel zu sehen gibt, sollten wir uns die Innenstadt als großes Finale zur Tour aufheben. Im Jahre 1407 wurde Wesel als florierende Handelsstadt in die Hanse aufgenommen, was zu weiterem Aufschwung führte. Das **historische Rathaus** legt mit seiner filigran gearbeiteten Fassade Zeugnis ab aus dieser Zeit. Wir stehen heute vor einer perfekten Nachbildung, denn das Original wurde im Krieg zerstört. Ähnlich alt ist der prachtvolle **Willibrodi-Dom**, dem man seinerzeit gleich fünf Kirchenschiffe spendierte. Kaum eine andere Kirche Norddeutschlands verkörpert den Baustil der Gotik so gut wie dieses Gotteshaus.

Ab 1681 schrieben die Preußen Geschichte in Wesel – sie sorgten dafür, dass die Stadt zu einer stark bewehrten Festung ausgebaut wurde. Erhalten sind aus dieser Zeit noch das **Berliner Tor** und die beeindruckende **1 Zitadelle**, die heute für Kunst- und Musikschüler ein Refugium bietet und mit den weitläufigen Grünflächen davor bis heute Glanz und Gloria verkörpert. Auch das **LVR-Niederrheinmuseum Wesel** ist in den alten Gebäuden untergebracht. Klar, denn der Schwerpunkt der Ausstellungen liegt auf der Preußischen Geschichte der Stadt. Übrigens: Wenn wir es ganz genau nehmen, nutzt das Museum die Flächen des ehemaligen Getreidedepots, das auch „Körnermagazin" genannt wurde.

Filigrane Fassade: Wesels Rathaus

Direkt am Rhein entdecken wir die Ruinen der **historischen Eisenbahnbrücke**. Bis zu ihrer Zerstörung im Zweiten Weltkrieg war es die nördlichste deutsche Eisenbahnbrücke. Nicht weit entfernt liegt die Grav-Insel mit dem nach eigenen Angaben größten Campingplatz Deutschlands. 2.000 Dauercamper und 500 Touristenplätze verteilen sich auf 2,1 Millionen Quadratmetern.

Bleibt am Ende der Stadttour selbstverständlich noch der Hinweis auf das berühmteste Tier der Stadt: An vielen Stellen entdecken wir den putzigen **Esel**, der am Berliner Tor besonders farbenfroh daher kommt. Das Tier trat seinen Siegeszug in Wesel ab dem 19 Jh. an, als die berühmte Echo-Antwort auf „Wie heißt der Bürgermeister von Wesel" natürlich „Esel" hieß. Inzwischen verleihen die Karnevalisten hier sogar den „Eselsorden"!

Schloss Gartrop versteckt sich in einem herrlichen englischen Landschaftsgarten

Im Kreisel rechts „An de Tent" und am Kirmesplatz vorbei fahren wir weiter geradeaus durch die Kurven der Clarenbachstraße. Im Kreisel rechts in die Wackenbrucher und bei den Bushaltestellen links in die Bagelstraße. Die ***Knotenpunkte*** *27, 28, 25, 23, 22, 21 und 18 führen uns auf einer ehemaligen Bahntrasse via Wackenbruch, Wittenberg, Damm und Bricht zu den Toren von Schermbeck.*

Bei dem Ort Damm lohnt bei **Knoten** 21 ein kleiner Abstecher, denn es lockt das vielleicht 2 **kleinste Strommuseum** der Welt. Der „Turmverein Damm e.V." kaufte den 1911 erbauten Trafo-Turm von RWE und rettete ihn so vor dem Abriss. Ein paar Meter weiter kommen wir an der **Historischen Windmühle Wörtgen** vorbei. Die sogenannte „Turmholländer-Windmühle" stammt aus dem Jahre 1830.

Vom ***Knoten*** *18 verlassen wir Schermbeck nach rechts auf der Maassenstraße am* ***Knoten*** *20 geradeaus, um beim* ***Knoten*** *71 zum Kanalufer zu gelangen. Nach rechts am Kanal entlang erreichen wir auf der Römer-Lippe-Route den Ort Gartrop, wo wir beim* ***Knoten*** *76 geradeaus entlang der Gahlener Straße radeln.*

Eine alte Wassermühle kündigt ein Highlight dieser Tour an: Inmitten eines großen englischen Landschaftsgartens liegt – gut beschützt von Wassergräben – 3 **Schloss Gartrop**. Die aus drei Flügeln bestehende Vorburg entstand im Stile der Neugotik. Gleich

Reisemobilstellplätze an oder nahe der Route

Reisemobilstellplatz Römerwardt, Rheinpromenade 11, Wesel
Campingplatz Grav-Insel. Gravinsel 1, Wesel
Wohnmobilstellplatz Gahlen, Kirchstraße 37, Schermbeck
Campingplatz Holtkamp, Am Aap 68, Schermbeck
Campingplatz Sybergshof, Brückenweg 135, Schermbeck
Campingplatz Lippetal, Gahlener Straße 159, Hünxe

E-Bike Ladestationen an oder nahe der Route

Zahlreiche Ladestationen in Wesel, s. www.wesel.de, z.B. Büdericher Landwehr 24, Wilhelmstraße 2, Gravinsel 1, Korbmacherstraße 1, Großer Markt 2 oder 11, Drögenkamp 17, Rheinallee 30 oder 10, Bismarckstraße 1, Willy-Brandt-Straße 2, Am Reitplatz 9 sowie Rathaus, Weseler Straße 2
Schloss Gartrop, Schermbeck
Rathaus, Dorstener Straße 24, Hünxe

nebenan erhebt sich die Schlosskapelle, für die einst ein portugiesisches Gotteshaus Pate stand – wir erkennen dies schnell an den „exotischen" Elementen. Das eigentliche vierflügelige Herrenhaus wurde mehrfach verändert und renoviert, so dass uns heute diese prachtvolle Anlage empfängt. Wer Gefallen an diesem herrschaftlichen Ambiente gefunden hat, kann sich im Schlosshotel einquartieren oder im Gasthaus einkehren.

*Vor der Brücke über den Wesel-Datteln-Kanal links, so dass wir auf der Seite des Kanals bleiben und bei **Knotenpunkt** 68 rechts abzweigen können.*

Direkt neben dem Radweg sorgt die 1923 in Betrieb genommene **Schleuse Hünxe** dafür, dass die Höhenunterschiede von mehr als 5 m im Kanal ausgeglichen werden.

Ein kleiner Abstecher führt in die Stadtmitte von Hünxe, wo uns das kleine, schöne **Rathaus** empfängt. Hinter dem strahlend weißen Eingangsportal verbergen sich alte Wolfsnetze aus Hanf. Die Jagd auf Wölfe war hier in Hünxe bis ins 19. Jh. eine Bürgerpflicht. Mehr dazu erzählt das **Heimatmuseum** in der „Alten Bergschule".

*Nachdem wir die Lippe überquert haben, zweigen wir links ab und rollen durch Krudenburg. Beim **Knoten** 24 fahren wir links und folgen hinter der A3 weiter der Römer-Lippe-Route bzw. NiederRheinroute.*

Im Jahre 1363 war es Ritter Rutger von Boetzelaer, der hier an der Lippe einige Ländereien mit einer Wassermühle erwarb. Später gab es hier eine „standesgemäße" Burg. Von der **Krudenburg** sind heute noch die Grundmauern und der zweigeschossige Turm übrig. Im heutigen historischen **4 Ortskern von Krudenburg** scheint die Zeit stehengeblieben zu sein: Wunderschöne alte Backsteinhäuser schmiegen sich

In Krudenburg scheint die Zeit stehengeblieben zu sein

an schmale Gassen mit Kopfsteinpflaster. Zum Glück wurde Krudenburg im Zweiten Weltkrieg von Zerstörungen verschont: So konnten seinerzeit die Weseler Bürger aus ihrer fast komplett in Schutt liegenden Stadt hierher kommen und fanden eine Zuflucht.

Die Schilder der Römer-Lippe-Route lotsen uns im Zick-Zack durch die Drevenacker Dünen. Am ***Knoten*** *26 fahren wir geradeaus.*

Die **Drevenacker Dünen** bilden einen seltenen Mix aus Mooren, Heideflächen, Wäldern und bis zu 4 m hohen Binnendünen. Rund 199 ha dieser Natur wurden 2009 unter Schutz gestellt, damit Flora und Fauna erhalten bleiben.

Am Ortseingang links in „Am Lippehafen", dann über die Schienen und links. An der nächsten Querstraße folgen wir nach links unserem Hinweg und gelangen über die ***Knoten*** *29 und 30 zurück zum Weseler Bahnhof, wo unsere Tour endet.*

Gegen Ende unserer Tour kommen wir am **alten Lippehafen** vorbei, der im 19. Jh. als Schutzhafen an der Lippe entstand.

Das **Alte Wasserwerk Wesel** ist ein tolles Industriedenkmal. Zwischen 1886 und 1956 sorgte es für frisches Wasser in Wesel – zum Glück wurde es als Museum erhalten.

„Zeit, dass sich´was dreht"
– im Mühlenmuseum

Tour 2 Länge 51 km

WO SICH LIPPE UND EMSCHER MIT DEM RHEIN VERMISCHEN

Rundtour von Dinslaken über Voerde und Hünxe

Ruhrgebiet, Niederrhein, Münsterland... die Übergänge sind fließend in der Region, die wir heute unter unsere Pneus nehmen. Das macht sich auch bei den Flüssen bemerkbar, die am Wegesrand verlaufen: Emscher, Rhein, Wesel-Datteln-Kanal und Lippe sorgen mit ihren Radwegen dafür, dass das Radeln zu einer echten Wonne wird. Und zu sehen bekommen wir unterwegs auch einiges – imposante Schlösser, stolze Herrenhäuser und hübsche Kleinstädte locken zu längeren Stopps.

Was erwartet mich?

51 km, eine Rundtour mit einem kurzen Anstieg auf einem Mix von Straßen, asphaltierten Wirtschaftswegen, naturbelassenen Wegen und Pfaden – beschildert mit Knotenpunkten und als Rheinradweg, Römer-Lippe-Route, NiederRheinroute und Rotbach-Route.

Wie komm ich hin?

ÖPNV: Bahnhof Dinslaken

Mit dem Auto: Parkplatz Bahnstraße 57, Dinslaken

Was muss ich sehen?

1 Burg Dinslaken
2 Haus Wohnung
3 Wolfsnetze
4 Mühlenmuseum Hiesfeld

Wo tank ich auf?

Wildkind Café Dinslaken, Altmarkt 25, Dinslaken

Bäckerei Schollin, Voerder Straße 198, Dinslaken-Eppinghoven

Restaurant zur Arche, Rheinpromenade 2, Voerde

Café Taluu, Donnersbergstege 2a, Hünxe

Kartentipp: **ADFC Regionalkarte radrevier.ruhr West**

TOURSTART

*Wir starten am Bahnhof von Dinslaken, den wir vom **Knotenpunkt** 88 über Bahnhofsplatz und Bismarckstraße verlassen und ein gutes Stück geradeaus folgen.*

Schon früh dürfte es eine 1 **Burg Dinslaken** gegeben haben, die ab 1163 auch in den Urkunden auftauchte, wobei die Echtheit der Dokumente umstritten ist. Rund um die malerisch am See gelegene Burg erwuchs eine Kleinstadt, die uns vor und nach der Tour zur Einkehr einlädt.

*An der etwas unübersichtlichen Kreuzung zweigen wir links in die Voerder und direkt wieder rechts in die Wasserstraße ab. An deren Ende schräg links in den kleinen Weg und rechts weiter auf dem Radweg (**Wegepunkt** ❶), der dem Verlauf des Rotbachs folgt.*

Der nur 22 km kurze **Rotbach** begleitet uns auf den nächsten Kilometern. Seinen Ursprung hat der Rotbach in der Nähe von Königshardt, ehe er seine Reise antritt, die früher von fünf **Wassermühlen** begleitet war. Dass der Verlauf oftmals in einem kanalisierten Korsett verläuft, liegt übrigens an den Bergsenkungen, die hier in der Region durch den untertagigen Abbau von Kohle entstanden.

*Der querenden Eppinkstraße folgen wir nach links (**Wegepunkt** ❷) und zweigen in Eppinghoven vor der kleinen Backsteinkirche rechts, links in die Kerkmannstraße und wenig später rechts in die Straße „Auf der Brey" ab, die den Ort verlässt. Hinter dem **Knotenpunkt** 85 zweigen wir links ab und rollen, den Schildern Richtung **Knoten** 86 folgend, zum Rheinufer, dem wir nach rechts folgen.*

Die **Kirche St. Johannes Evangelist** ist in Eppinghoven nicht nur eine wichtige Marke für unseren Radweg, sondern auch ein echtes Kleinod. Um 1450 entstanden Teile des heutigen Gotteshauses, das wegen der stetig wachsenden Gemeinde 1928 erweitert wurde. In dieser Zeit entstanden auch die Elemente aus dem Expressionismus.

*Der Rheinradweg sorgt für beste Bedingungen, wenn wir ihm flussabwärts folgen. Am **Knoten** 86 geradeaus und über den **Knoten** 89 immer weiter flussabwärts. Hin-*

Und nun eine Pause auf der Bank – mit Blick auf Schloss Dinslaken

ter der Schleuse Friedrichsfeld überqueren wir mit der Brücke den Wesel-Datteln-Kanal.

Gar nicht weit entfernt von unserem Radweg liegt 2 **Haus Wohnung** am Rotbach, das uns über den Namen etwas grübeln lässt. Dieser stammt von Arnd von der Wonyngen, der vermutlich der erste Eigentümer dieses prachtvollen Wasserschlosses war. Schon im 14. Jh. dürfte es an dieser Stelle eine Burg gegeben haben – genauer belegt ist die Wassermühle, die seit 1478 ihre Dienste verrichtet.

Vor der Kanalbrücke haben wir die Gelegenheit, geradeaus in die Innenstadt von Voerde zu radeln. Schmuckstück des Ortes ist Haus Voerde, das auf eine Geschichte als Wirtschaftshof der Abtei Werden und als Wasserburg des Mittelalters zurückblickt. Heute erblicken wir ein strahlend weißes **Herrenhaus** mit nahezu quadratischem Grundriss, das als Restaurant genutzt wird. Gar nicht weit entfernt steht das privat genutzte **Haus Götterswick**, eine Wasserburg aus dem 12. Jh.

*Hinter der Brücke am **Knoten** 67 links in die Emmelsumer Straße, die uns zum Kanalufer bringt. Am Ufer links und dann für die nächsten Kilometer am Datteln-Hamm-Kanal entlang. An den **Knotenpunkten** 66 sowie 70 jeweils geradeaus und am **Knoten** 68 rechts über die Brücke.*

Reisemobilstellplätze an oder nahe der Route

WoMopark Niederrhein, Holtener Straße 145, Dinslaken

Reisemobilstellplatz Römerwardt, Rheinpromenade 11, Wesel

Campingplatz Grav-Insel, Gravinsel 1, Wesel

Campingplatz Lippetal, Gahlener Straße 159, Hünxe

E-Bike Ladestationen an oder nahe der Route

Ladestation bei den Stadtwerken, Hünxer Straße, Dinslaken

Fahrradstation am Neutorplatz, Dinslaken

Ladestation Nähe Schwimmschule, Am Stadtbad, Dinslaken

Haus von Krudenburg, Dorfstraße, Hünxe-Krudenburg

Café Taluu, Donnersbergstege 2a, Hünxe

Am Kanal angekommen, haben wir nochmals einen guten Blick auf die **Schleuse Friedrichsfeld**. Die Schleuse ist die erste von drei Kanalstufen, die es zwischen dem Rhein und Datteln gibt, um die Höhenunterschiede des 60 km langen Datteln-Hamm-Kanals zu überwinden.

Der autofreie Radweg am Kanal ist auf unserem Teilstück deckungsgleich mit der **Römer-Lippe-Route**, die sich zu einem der beliebtesten Fernradwege von NRW entwickelt hat. Die Trasse beginnt am Hermannsdenkmal bei Detmold und folgt teilweise dem Verlauf der Lippe bis zur Mündung in den Rhein. Nimmt man alle beschilderten Alternativen zusammen, kommt die Römer-Lippe-Route auf erstaunliche 479 km.

Im Kreisverkehr geradeaus, kurz darauf links in die Alte Weseler Straße und im Ortskern bei ***Knoten*** *91 schräg links in die Dorstener Straße Richtung* ***Knotenpunkt*** *92.*

Das Rathaus von Hünxe bietet uns eine sehr außergewöhnliche Sehenswürdigkeit: Im Foyer hängen 200 Meter lange [3] **Wolfsnetze** aus Hanf, die bereits mehr als 400 Jahre alt sind. Noch bis ins 19. Jh. war jeder Bewohner von Hünxe verpflichtet, sich an der Wolfsjagd zu beteiligen. Sobald ein Wolf gesichtet wurde, ertönten die Kirchenglocken sowie eine Wolfstrommel und riefen zur Jagd auf. Bis in die 1990er Jahre hingen die Netze deshalb in der evangelischen Kirche.

Kaum zu glauben, aber hinter Hünxe müssen wir tatsächlich unsere Elektromotoren zuschalten, denn es geht kurz aber knackig bergauf. Doch keine Sorge: Die Akkus werden bestimmt halten, denn der **Pockenberg** ist mit einer „Gipfelhöhe" von 53 m keine echte „Bergwertung".

Der Binnenbruchweg verläuft durch weite Felder und geht in den Hardtbergweg über. Am ***Knotenpunkt*** *92 zweigen wir rechts und später am* ***Knoten*** *74 erneut rechts ab.*

Die ruhige Natur der **Bruckhauser Heide** begleitet uns, wenn wir ganz entspannt durch die weiten Felder rollen. Auch die Golfer wissen wo es schön ist, und finden hier ideale Bedingungen für eine 18-Loch-Anlage.

Ganz schön zugewuchert!

*An der querenden Landstraße links und direkt wieder rechts in die Felder. Wenig später kurz vor der Autobahnbrücke wieder links und an der dritten Straße rechts. Den **Knotenpunkt** 77 nutzen wir zum Rechtsabbiegen.*

Wir sind wieder am Rotbach angekommen, der hier von der 129 km langen **Rotbach-Route** begleitet wird. Die Rundtour orientiert sich an den Ufern von Emscher, Lippe und Rotbach und gilt noch als echter Geheimtipp unter den Flussradwegen.

*Die Schilder der Rotbach-Route geleiten uns vorbei am Mühlenmuseum. Am **Knoten** 78 geradeaus, dann folgen wir den Radwege-Schildern in die Innenstadt von Dinslaken. Hier steuern wir den Bahnhof an, wo die Radrunde endet.*

Kurz vor Ende der Runde kommen wir am 4 **Mühlenmuseum Hiesfeld** vorbei, das meist Sonntagvormittags geöffnet ist. Schon das wunderschön gestaltete Haus Hiesfeld macht Lust auf mehr. Unübersehbar ist die 1822 errichtete Turmwindmühle mit gleich drei Mahlwerken. Die Wasserkraft nutzte einst die Wassermühle, die mit dem Fachwerkhaus daneben ein tolles Fotomotiv abgibt. Im Museum werden zudem mehr als 60 Modelle von Mühlen aus aller Welt gezeigt, um diese einzigartigen Techniken für die Nachwelt zu erhalten.

Wenn wir am **Knoten** 78 rechts abbiegen, erreichen wir den Stadtteil Lohberg, wo uns die vielen erhaltenen Gebäude der ehemaligen **Zeche** daran erinnern, dass auch in Dinslaken über lange Zeit Steinkohle abgebaut wurde.

Wasserschloss Lembeck zählt zu den schönsten Anwesen des Münsterlands

Tour 3 Länge 38 km

EIN PERFEKTES WASSERSCHLOSS

Rundtour von Dorsten über Wulfen und Rhade

Schloss Lembeck ist ohne Frage eines der schönsten Wasserschlösser des Landes. Doch auch neben diesem Top-Ziel hat diese Rundtour einiges zu bieten, wie die idyllische Tüshaus-Mühle oder die „tierisch unterhaltsame" Ziegenkäserei Hof Sondermann.

Was erwartet mich?

38 km, eine ebene Tour ohne Anstiege und Gefälle auf einem Mix von Straße, asphaltierten Wirtschaftswegen, naturbelassenen Wegen und Pfaden – zum Teil beschildert mit Knotenpunkten und als D7 bzw. Römer-Lippe-Route.

Wie komm ich hin?

ÖPNV: Bahnhof Dorsten
Mit dem Auto: Park & Ride - Parkplatz Bahnhof Dorsten, Auf dem Bevenhorst 12, Dorsten

Was muss ich sehen?

1 **Jüdisches Museum Westfalen**
2 **Schloss Lembeck**
3 **Ziegenkäserei Hof Sondermann**
4 **Tüshaus-Mühle**

Wo tank ich auf?

Restaurant Rosin (bekannt als Fernsehkoch, gehobene Küche, nur abends), Hervester Straße 18, Dorsten
Das Kaffeekännchen, Hühnerstraße 4, Dorsten
Café im Schloss Lembeck, Schloss 2, Dorsten
Brauhaus am Brauturm, Am Brauturm 12, Wulfen
Gaststätte Halsdünker, Gemener Straße 8, Dorsten-Rhade

Kartentipp: **ADFC Regionalkarte radrevier.ruhr West**

TOURSTART

Wir starten am Bahnhof von Dorsten, den wir nach rechts am Spielplatz vorbei und mittels Brücke über die B225 hinweg verlassen – und folgen den Schildern Richtung ***Knotenpunkt*** *93. Am Ende der Brücke rechts und hinter dem Parkhaus am Platz der Deutschen Einheit links.*

Am **Marktplatz** von Dorsten entstand 1567 die erste Waage, die heute als **„Altes Rathaus Dorsten"** bekannt ist. Der damals florierende Handel kam durch Kriege fast zum Erliegen. Neuen Schwung brachte der Schiffsbau: Unterhalb der Stadtmauer wurden 1794 bis zu 80 Schiffsbaumeister gezählt. Später wurde unter Tage Steinkohle abgebaut und überirdisch fanden die Menschen in Gießereien, Webereien und Spinnereien eine Arbeit.

Dorsten hatte einst den zweitgrößten jüdischen Gemeindebezirk Deutschlands, was im Dritten Reich zu zahllosen menschlichen Tragödien führte. Damit sich diese Geschichte niemals wiederholt, wurde das 1 **Jüdische Museum Westfalen** gegründet, das unbedingt auf unsere Besuchsliste gehört.

Aufgrund der großen Zerstörungen im Krieg sind in der Dorstener Altstadt nur wenige historische Gebäude zu finden. Das strahlend weiß getünchte **Alte Rathaus**, also die ehemalige Waage, fällt daher besonders ins Auge. Vor seinen Arkaden können wir vortrefflich einkehren und in die **Fußgängerzone** zu einer Shoppingtour starten.

Die ehemalige Waage ist heute das Rathaus

Vom Platz der Deutschen Einheit biegen wir rechts ab und rollen geradeaus über den Ostwall zur großen Ampelkreuzung, die wir geradeaus in die Hansestraße überqueren. An deren Ende rechts „Im Ennewälken" und mit zwei schwungvollen Kurven hinauf zur Brücke, mit der wir erst den Kanal und dann die Lippe überqueren. Hinter der Brücke fahren wir in einer Linkskurve zurück zum Ufer, unterqueren die Brücke und folgen den Schildern zum ***Knotenpunkt*** *67 über den Deich und weiter auf der Römer-Lippe-Route flussaufwärts nach Hervest.*

Im Jahre 1910 wurde die Zeche Fürst Leopold gegründet, in der zwischen 1913 und 2001 Steinkohle gefördert wurde. Seinerzeit hatte Hervest ganze 1.000 Einwohner – viel zu wenig also, um eine Zeche betreiben zu können. Um Arbeiter anzulocken, wurde ein

Architekturwettbewerb ausgerufen, aus dem die **Siedlung Fürst Leopold** entstand. Rund um den „Brunnenhof" entstanden Läden, Wohnungen, aber auch ein von Arkaden gesäumter Marktplatz und ein schmucker Uhrturm.

*In Hervest radeln wir geradeaus auf der Glück-Auf-Straße, um beim Ortsende an der Weggabelung schräg links (**Wegepunkt ❶**) auf dem Weg „Orthöve" weiterzukurbeln.*

Bedeutend und bedrückend zugleich: Das Jüdische Museum

Unweit unserer Glück-Auf-Straße fließen die Lippe und direkt daneben der Weser-Datteln-Kanal. Die **Schleuse Dorsten** sorgt dafür, dass Lastenschiffe und Freizeitkapitäne die Höhenunterschiede im Kanal ausgleichen können. Wer länger in der Region ist, steuert die **Lippepiraten** an, leiht sich ein Kajak, ein Motor- oder Schlauchboot aus und lernt die Region einmal aus einem anderen Blickwinkel kennen.

Bei Orthöve rechts auf die Halterner Straße und direkt wieder links in den Orthöver Weg. Durch die Wulfener Heide gelangen wir in die Ortsmitte von Wulfen.

Der Dorstener Ortsteil Wulfen wurde durch den Fernseh-Spitzenkoch **Frank Rosin** überregional bekannt. Seit 1990 unterhält „der Junge Wilde" hier ein Sterne-Restaurant.

Ansehen können wir uns auch die **Kirche St. Matthäus**, die im Innern einen wertvollen Taufstein aus dem 15. Jh. verbirgt.

*Wulfen verlassen wir entlang der Weseler Straße, um beim Ortsausgang schräg rechts in den Weg „Kottendorfer Feld" abzuzweigen (**Wegepunkt ❷**), der uns geradewegs nach Schloss Lembeck führt.*

Was für ein Anblick! 2 **Schloss Lembeck** ist eines der schönsten Wasserschlösser des Landes! Herrlichster Barock erwartet uns, wenn wir die Vorburg passiert haben und das **Herrenhaus** über eine Brücke

Reisemobilstellplätze an oder nahe der Route

Wohnmobilhafen an der Lippe, Zur Lippe, Dorsten
Campingplatz Zenker, Brückenweg 280, Dorsten

E-Bike Ladestationen an oder nahe der Route

Wohnmobilhafen an der Lippe, Zur Lippe, Dorsten

erreichen. Im Stile der Neugotik hingegen präsentiert sich der **Kapellenturm** an der nordwestlichen Ecke – er war zunächst das Gefängnis. Inzwischen lagern hier im Weinkeller erlesene Tropfen, die im **Restaurant** verkostet werden können. Doch auch wer nicht einkehrt oder im Schlosshotel nächtigt kann im Rahmen einer Führung einen Teil der Räume bestaunen – das **Schlossmuseum** steht dabei auch auf dem Besuchsplan.

*Von Schloss Lembeck folgen wir noch ein kleines Stück der Straße Richtung Lembeck, um an der sich teilenden Straße links in den Weg einzubiegen (Richtung **Knotenpunkt** 37).*

Rund um Schloss Lembeck erstreckt sich ein dichtes Waldgebiet namens **„Der Hagen"**. Ein verzweigtes Wegenetz durchzieht die Landschaft, so dass wir immer wieder auf Radler und Wanderer treffen.

Am querenden Weg rechts, an der nächsten Ecke links, direkt wieder rechts und dann rechts in den Michaelisweg.

Im Michaelisweg legen wir einen Stopp ein bei der **3 Ziegenkäserei Hof Sondermann**, der sich schon wegen der „meckernden Mitbewohner" lohnt. Bereits seit dem 17. Jh. ist der Hof in Familienbesitz.

Hinter der großen Hofanlage biegen wir links ab in den Endelner Weg, kurz darauf rechts und an der querenden Landstraße links. So erreichen wir Rhade.

Das auffälligste Bauwerk Rhades ist die **Kirche St. Urbanus**. Sie wurde samt Sakristei und Chor größtenteils aus sogenanntem „Werkstein" hergestellt. Dieser massive Stein dient bis heute den Steinmetzen als natürliches Objekt, um künstlerische Objekte zu schaffen.

St. Urbanus prägt die Ortsmitte

Nein, wir sind nicht an der Loire – das Münsterland ist (vielleicht) schöner!

*Rhade verlassen wir hinter den Bahngleisen links auf der Gemener Straße, später Bakelheide. Hinter der Naturschutzhütte links und wieder links (Richtung **Knoten** 45), dann ein gutes Stück geradeaus und über die Autobahn hinweg.*

Wir rollen durch eine idyllische und sehr bewaldete Region, die auf Namen wie Witte Berge, Deutener Moore oder **Üfter Mark** getauft wurde. Weite Teile wurden unter Schutz gestellt.

Direkt am Wegesrand liegt der **Tüshaus-Hof**, den es hier wohl schon seit 1382 gibt. Den Herren von Lembeck gehörte etwa 150 Jahre danach an dieser Stelle eine Walkmühle die sie verpachteten. Genau hier entstand später die wunderschöne 4 **Tüshaus-Mühle**, in der mit Wasserkraft Wolle für die Tuchmacher bearbeitet wurde.

*Von der Tüshaus-Mühle radeln wir via Deuten und Sölten über die **Knoten** 45 und 93 zurück nach Dorsten. Hier steuern wir den Bahnhof an. Wenn die Rückreise mit der Bahn erfolgt, können wir die Tour bereits am Bahnhof Hervest-Dorsten beenden, ansonsten beschließen wir die Runde am Bahnhof Dorsten.*

Gegen Ende der Tour kommen wir in der Nähe des **Blauen Sees** vorbei, der durch Abbau von Kies und Sand entstanden ist. Heute tummeln sich hier viele seltene Vogel- und Insektenarten.

Entspanntes Rollen
auf besten Trassen

Tour 4

Länge 45 km

GAR NICHT SO VIELE BERGE HIER IN ALPEN

Rundtour von Rheinberg über Ossenberg und Alpen

Da erinnern wir uns doch noch dunkel an eine Fernsehwerbung: „Komm´ doch mit auf den Underberg". Hier in Rheinberg nahm die Geschichte des „Magenbitters" seinen Anfang. Und auch unsere wunderschöne Radtour, die uns am Rhein entlang und schließlich zum Kloster Kamp mit seinen großartigen Gärten führt, nimmt hier ihren Anfang

Was erwartet mich?

45 km, eine ebene Tour ohne Anstiege und Gefälle auf einem Mix von Straßen, asphaltierten Wirtschaftswegen, naturbelassenen Wegen und Pfaden – beschildert mit Knotenpunkten und als D7 bzw. Rheinradweg.

Wie komm ich hin?

ÖPNV: Bahnhof Rheinberg
Mit dem Auto: Parkplatz Bahnhof Rheinberg, Bahnhofstraße 59, Rheinberg

Was muss ich sehen?

1. **Marktplatz von Rheinberg mit Rathaus**
2. **Historischer Ortskern mit Stadtmauer von Orsoy**
3. **Schloss Ossenberg**
4. **Kloster Kamp**

Wo tank ich auf?

Tebart...in aller Munde, Bäckerei-Fachgeschäft, Burgstraße 26, Alpen
Bäckerei Bolten, Moerser Straße 252, Kamp-Lintfort
Kloster Spenden-Café, Abteiplatz 13, Kamp-Lintfort
Café BrotZeit – Bäckerei Konditorei Holland, Wiesenbruchstraße 64, Kamp-Lintfort
Zur Alten Apotheke, Großer Markt 12-14, Rheinberg

Kartentipp: **ADFC Regionalkarte radrevier.ruhr West**

TOURSTART

*Wir starten am Bahnhof von Rheinberg, den wir vom **Knotenpunkt** 10 nach rechts verlassen, um an der nächsten Ecke links in die Bahnhofstraße abzubiegen, die uns zum **Knoten** 9 und in die Stadtmitte bringt.*

Die Innenstadt von Rheinberg empfängt uns mit dem **Innen- und dem Außenwall**, was uns einen guten Eindruck der einstigen Wehrhaftigkeit der Kleinstadt vermittelt. Danach entdecken wir die in vielen Teilen noch erhaltene **Stadtmauer**. Die im 16. Jh. entstandene Landesburg wurde zwar durch mehrere Explosionen weitgehend zerstört, doch die Alte Kellnerei und der **Pulverturm** sind noch eindrucksvolle Zeitzeugen.

Rheinberg ist wie geschaffen für eine Einkehr nach der Tour

So erwartet uns rund um den 1 **Marktplatz** ein mittelalterliches Ensemble mit dem Alten **Rathaus**, dem Getreidespeicherhaus, der Kirche St. Michael, der **Kirche St. Peter** und zahlreichen anderen historischen Fassaden. Natürlich wenden wir uns auch dem 1880 fertiggestellten **„Underberg Palais"** zu. Hier nahm die Geschichte des Spirituosenherstellers Underberg seinen Lauf, der mit einem „Magenbitter" deutschlandweit bekannt wurde. In direkter Nähe steht auch der 53 m hohe **„Underbergturm"**.

*Am **Knotenpunkt** 9 fahren wir rechts und auf der Orsoyer Straße hinaus aus der Stadt. Bei den nächsten Kreiseln rollen wir geradeaus und entlang der Rheinberger Straße.*

Bei unserer Ausfahrt aus Rheinberg kommen wir am **TerraZoo** vorbei. Das Zoologische Institut wird ebenso wie das angeschlossene Reptilienhaus aus privaten Mitteln finanziert. Hier können wir mehr als 400 Tiere aus 100 Arten bestaunen – einige davon mit Gruselfaktor wie die Vogelspinnen oder die riesigen Nilkrokodile.

*Hinter Budberg zweigen wir hinter einem Reiterhof links ab in den Rüttgersteg, wenige Meter weiter hinter den Schienen rechts in den Pelderweg und direkt wieder rechts in Grüner Weg. Am Ende der Straße, am **Knoten** 6, bietet sich ein kurzer Abstecher nach rechts nach Orsoy an.*

Der 2 **Ortskern** von Orsoy wird umringt von einer 8 m hohen **Stadtmauer**. Details zu den Sehenswürdigkeiten haben wir in Tour 6 zusammengefasst (s. Seite 44).

*Zurück am **Knoten** 6 folgen wir dem Rheinradweg über den **Knoten** 7 durch den Rheinbogen. Über den **Knoten** 99 geradeaus erreichen wir am **Knoten** 98 Ossenberg.*

Wir rollen durch das **Naturschutzgebiet Orsoyer Rheinbogen**. Hier tummeln sich seltene Vogelarten in einer einzigartigen Landschaft. Mehr als Grund genug also, 802 ha. des Gebietes unter Schutz zu stellen.

Die Historie des Rheinberger Stadtteils Ossenberg reicht vermutlich sehr weit zurück – etwa ab dem 5. Jh., vielleicht aber auch schon früher, dürften sich hier die ersten Siedler niedergelassen haben. Seinerzeit war der Rhein an dieser Stelle sehr breit und bildete mehrere **Inseln**, auf denen die Menschen halbwegs geschützt waren.

Im Jahr 1176 wurde nämlich 3 **Schloss Ossenberg** erstmals erwähnt – damals noch als Rittersitz. Heute erwartet uns eine prachtvolle Schlossanlage, die über viele Jahrhunderte in Familienbesitz blieb. Heute wird Schloss Ossenberg als Hotel genutzt. Wer nicht feudal übernachten möchte, kann sich dennoch der schmucken Fassade, dem Torturm, dem Wirtschaftsgebäude und der Schlosskapelle widmen.

1176 war Schloss Ossenberg noch ein Rittersitz

Reisemobilstellplätze an oder nahe der Route

Wohnmobilstellplatz an der Motte, Burgstraße 66, Alpen
Campingpark Eldorado, Altfelder Straße 319, Kamp-Lintfort

E-Bike Ladestationen an oder nahe der Route

Parkplatz Waldspielplatz Bönninghardt, Bönninghardter Straße 5, Alpen
Hotel Burgschänke, Burgstraße 34, Alpen
Rathaus Alpen, Rathausstraße 5, Alpen
Sportplatz SV Menzelen, Neue Straße 2, Alpen

*Von Ossenberg fahren wir weiter auf dem Rhein-Radweg, den wir bei **Knotenpunkt** 90 nach links Richtung Borth verlassen.*

Ziemlich flach und landwirtschaftlich geprägt ist dieser mittlere Streckenabschnitt, bei dem wir aber meist eine gute Trasse unter den Pneus haben. Schöne Orte wir Borth oder Drüpt fügen sich da nahtlos in die Idylle ein.

*In Borth fahren wir rechts und direkt wieder links auf der Drüpter Straße. Am **Knoten** 95 geradeaus weiter zum **Knotenpunkt** 93 – so gelangen wir ins Zentrum von Alpen.*

Alpen präsentiert uns eine kleine Innenstadt, wo es sehr beschaulich zugeht. Um 1200 gab es eine **Motte**, genannt „die Burg von Alpen". Diese war bis zu einem Erdbeben 1756 auch bewohnt, bis sie wegen der Schäden abgerissen werden musste. Wenn wir genau hinsehen, entdecken wir noch den Mottenhügel. Deutlich besser sichtbar ist die **Kirche St. Ulrich**, die im Mittelalter noch nicht von den Stadtmauern umschlossen wurde.

*Die Ortsmitte von Alpen verlassen wir vom **Knoten** 93 geradeaus auf der Lindenallee, um danach links zum **Knotenpunkt** 92 abzubiegen. Dort fahren wir rechts und sofort wieder links mit einem Hügel über die A57 hinweg – in Richtung **Knoten** 14.*

Dichte Laubwälder bilden das Rückgrat des 1.200 ha. großen **Naturschutzgebiets „Die Leucht"**. Im Jahr 2007 fegte Organ Kyrill auch über den Niederrhein und zerstörte 57% der Bäume.

Im Wald zweigen wir rechts ab auf den Stappweg und kurz darauf links auf den Radweg entlang der Xantener Straße, die wir wenig später im Ort Saalhoff nach rechts in den Eschweg verlassen.

Der Eschweg führt uns an Feldern, Höfen und schönen Anwesen vorbei. Hier gibt es auch einen **Reit-** und einen **Golfclub**. Ob unsere Urahnen, die in der Bronzezeit ganz in der Nähe **Hügelgräber** anlegten, auch Golf spielten, ist leider nicht überliefert.

Am Ende vom Eschweg rechts und direkt wieder links, dann hinauf zum Kloster Kamp.

Zuerst durch die zauberhaften Gärten, dann ins Spendencafé

Im Mittelalter gab es in der Region rund um Kamp-Lintfort überwiegend Sümpfe. Also entschlossen sich die Zisterzienser, ihr Kloster auf einem 45 m hohen Hügel, dem Kamper Berg, zu errichten. Es war im Jahre 1123 das erste deutschsprachige Kloster dieses Ordens. Von 4 **Kloster Kamp** aus wurden in ganz Europa rund 100 weitere Niederlassungen gegründet. Das Prunkstück der Anlage ist natürlich die **Abteikirche**. Das heute zu sehende Gotteshaus wurde um 1700 auf den Grundmauern des Vorgängerbaus fertiggestellt und erhielt zwei Zwiebeltürme sowie eine prachtvolle barocke Innenausstattung. Ein Besuch des **Spenden-Cafés** sollte unbedingt auf dem Plan stehen, denn hier verwöhnen uns ehrenamtliche Helfer mit selbstgebackenen Kuchen und einem guten Kaffee.

Nachdem wir uns den übrigen Klostergebäuden gewidmet haben, kehren wir zurück zum großartigen **Klostergarten**: Barock-, Terrassen-, Obst- und Alter Garten: Wir werden entführt in eine Welt aus Blüten und noch mehr Grün. Im Jahr 2020 blies nochmals frischer Wind durch Kloster Kamp, als hier die **Landesgartenschau** stattfand.

Vom Kloster fahren wir hinunter zur Kreuzung Rheinberger/Moerser Straße, um dort dem Radweg entlang der Rheinberger Straße nach links zu folgen. Wir folgen dem Radweg nach links, queren hinter der Autobahn die Kreisstraße und erreichen über die Bahnhofstraße Rheinberg, wo die Runde am Bahnhof endet.

Links von unserem Radweg entlang der Rheinberger Straße gibt es mehrere **Kies- und Sandwerke**, in denen Baustoffe abgebaut werden, wodurch **Seen** entstehen.

Symetrie in Perfektion

Tour 5 Länge 37 km

HIMMELSTREPPE ZUM KLOSTER

Rundtour von Kerken über Neukirchen-Vluyn und Kamp-Lintfort

Na, wenn das keine Aussichten sind: Auf der Himmelstreppe steigen wir empor und erreichen den Gipfel der Halde Norddeutschland. Nur wenige Radelminuten später sind wir begeistert vom Kloster Kamp und seinen tollen Gärten. Doch auch Reminiszenzen an die Industriegeschichte liegen auf dem Weg, wenn wir in Lintfort das „Haus des Bergmanns" besuchen.

Was erwartet mich?

37 km, eine weitgehend ebene Tour mit nur zwei kleinen Anstiegen und Gefälle auf einem Mix von Straßen, asphaltierten Wirtschaftswegen, naturbelassenen Wegen und Pfaden – beschildert mit Knotenpunkten und als NiederRheinroute.

Wie komm ich hin?

ÖPNV: Bahnhof Kerken-Aldekerk

Mit dem Auto: Parkplatz am Bahnhof Aldekerk, Güterstraße, Kerken-Aldekerk

Was muss ich sehen?

1. Schloss Leyenburg und Schloss Bloemersheim
2. Alte und Neue Kolonie Neukirchen-Vluyn
3. Himmelstreppe
4. Zechenpark Kamp-Lintfort

Wo tank ich auf?

Restaurant Urig, Von-Galen-Straße 4, Kerken-Aldekerk

Café Restaurant Kellerkammer, Niederrheinallee 331, Neunkirchen-Vluyn

Averdunkshof, Averdunksweg 28, Neukirchen-Vluyn

Bäckerei Bolten, Moerser Straße 252, Kamp-Lintfort

Kloster Spenden-Café, Abteiplatz 13, Kamp-Lintfort

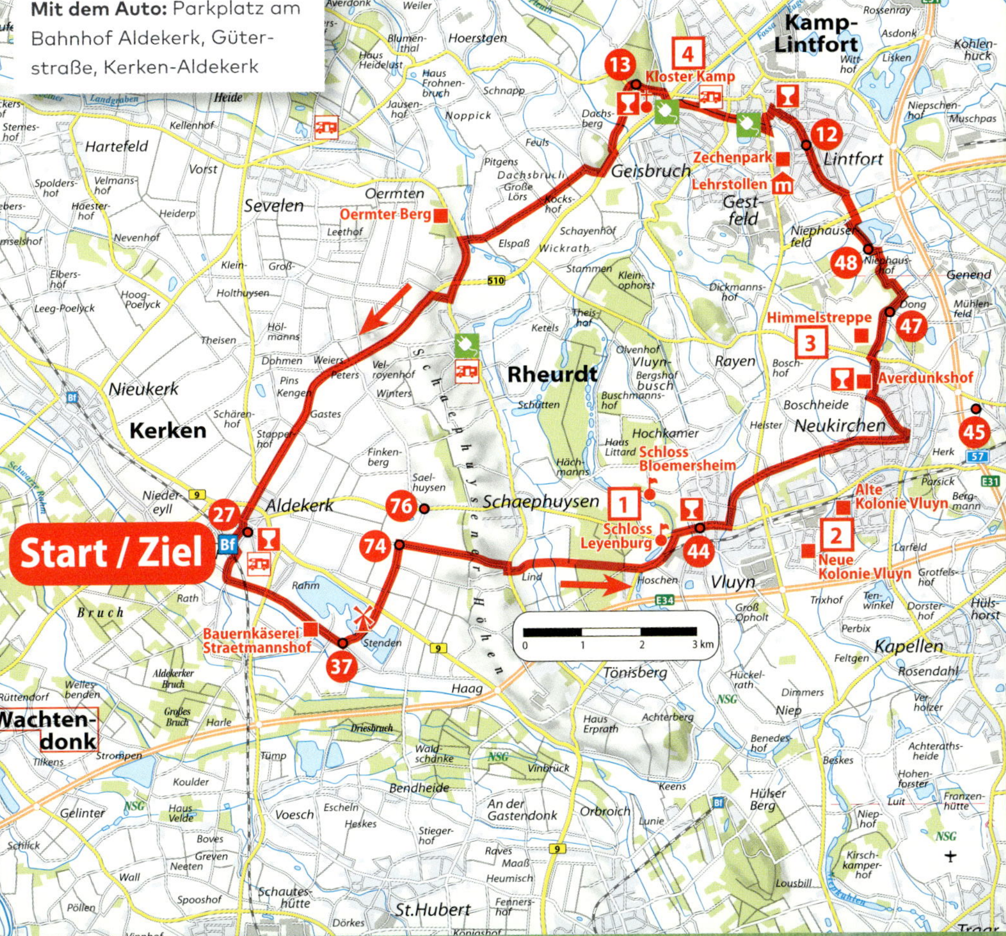

Kartentipp: **ADFC Regionalkarte radrevier.ruhr West**

TOURSTART

Wir starten am Bahnhof von Aldekerk, den wir nach rechts auf der Bahnhofstraße verlassen. Nach wenigen Pedalumdrehungen queren wir die Schienen rechts und rollen weiter geradeaus auf der Bruchstraße, die in die Obereyller Straße übergeht und einer Linkskurve folgt.

Aldekerk gehört zur Gemeinde Kerken die natürlich wegen ihrer vielen Kirchen den Namen bekam. Und so können wir uns am imposanten Turm der **Kirche St. Peter und Paul** erfreuen, der im Jahr 1880 entstand. Die erste Kirche stand hier bereits 1218.

*An der querenden Kempener Landstraße geradeaus und am **Knoten** 37 links.*

Wir rollen an einem großen Kieswerk mit See vorbei. Am Wegesrand liegt auch die **Bauernkäserei Straetmannshof**. Nachdem wir am **Knoten** 37 links abgebogen sind, liegt die **Stendener Mühle** am Wegesrand. Wunderschön weiß getüncht erhebt sie sich auf ihrem Sockel und präsentiert uns zu ihren Füßen alte Mühlsteine.

*Über die querende B9 radeln wir geradeaus hinweg, bei **Knotenpunkt** 74 rechts, am Ende erneut rechts und sofort wieder links – Richtung **Knoten** 44.*

Welches ist schöner: Schloass Leyenburg...

Durch das dichte Grün der Bäume lacht uns 1 **Schloss Leyenburg** entgegen. Das Herrenhaus diente lange Zeit als Landsitz der Adelsfamilie von der Leyen. Und ja, die berühmte Europa-Politikerin Ursula von der Leyen, gehört durch Heirat auch zur Familie.

Gar nicht weit entfernt liegt das farbenfrohe **Schloss Bloemersheim**, das uns schon von weitem entgegen leuchtet. 1802 kam es in den Besitz der gerade erwähnten Familie von der Leyen, die ihr Vermögen mit der Herstellung von Seiden gemacht hatte – der gute alte Friedrich Heinrich Freiherr von der Leyen wurde auch gerne als „Seidenbaron" bezeichnet.

*Wenige Minuten später erreichen wir Vluyn. Am **Knoten** 44 geradeaus und kurz darauf, mit den Schildern Richtung **Knoten** 45, links in den Radweg.*

Der Großunternehmer Franz Haniel war es, der 1854 am verschiedenen Orten des Niederrheins Boh-

… oder Schloss Bloemersheim?

rungen durchführen ließ. Auch auf dem Gelände des Stadtgebietes von Neunkirchen-Vluyn wurde man fündig und gründete ein Bergwerk, das für eine lange Zeit Steinkohle fördern sollte. Mit dem **Bergwerk Niederberg** kam ein wirtschaftlicher Aufschwung in die Region. Aus den goldenen Zeiten sind noch die **2 Alte und neue Kolonie Vluyn** erhalten. Wenn wir hier durch die Straßen rollen, entdecken wir wunderbare Hausfassaden und bekommen einen guten Eindruck davon, wie die Bergleute hier einst lebten.

Am Kreisel rollen wir geradeaus in die Tersteegenstraße, auf der wir ein gutes Stück bleiben, um nach Neukirchen zu gelangen.

Die ersten Bauernhöfe rund um Neukirchen wurden 1150 beurkundet. Die Stadt selbst tauchte 1230 als „Nyenkirchen in den Flünen", also in den Wald- und Feuchtgebieten, in den Büchern auf.

Vor der Dorfkirche zweigen wir von der Lindenstraße links in die Hoch- und wenige Meter später wieder links in die Gartenstraße ab.

Reisemobilstellplätze an oder nahe der Route

Wohnmobilplatz Aldekerker Platte, Kempener Straße 9, Kerken
Wohnmobilstellplatz Kamp-Lintfort, Gohrstraße 60, Kamp-Lintfort
Wohnmobilpark An der Windmühle, St. Nikolausweg 15, Rheurdt
Wohnmobilpark Hexenland-Sevelen, Koetherdyck 18, Issum

E-Bike Ladestationen an oder nahe der Route

Panoramabad Pappelsee, Bertastraße, Kamp-Lintfort
Museum Kloster Kamp, Abteiplatz, Kamp-Lintfort
Rathaus, Rathausstraße, Rheurdt

Auf der Himmelstreppe gen Himmel

Richtig urig sieht der **Averdunkshof** aus – die historischen Gebäude sind größtenteils dicht mit Efeu bewachsen. Im Restaurant mit angeschlossenem Biergarten lässt es sich vorzüglich speisen.

Vor der großen Hofanlage radeln wir rechts und kurz darauf links in den Averdunksweg. An deren Ende (hier Hochstraße) überqueren wir die Landstraße geradeaus in die Dongstraße.

Etwas rechts neben unserem Radweg erstreckt sich der **ENNI Energiepfad**. Hier können wir hautnah erleben, wie regenerative Energie in der Praxis funktioniert.

Gleich auf der anderen Seite erhebt sich eine Reminiszenz an die Energie der Vergangenheit: Die **Halde Norddeutschland** entstand aus dem Abraum des Bergwerks Niederberg. Sagenhafte 80 Millionen Tonnen Gestein wurden auf 81 ha. bis zu 102 m hoch getürmt. Inzwischen ist die Halde einer der Hotspots der Region: Ganz oben steht das „Hallenhaus", ein von niederländischen Künstlern gestaltetes Stahlskelett eines Hauses. Dorthin gelangen wir über die 359 Stufen der 3 **Himmelstreppe** – wer diese Herausforderung gemeistert hat, wird mit einer wunderbaren Aussicht über den Niederrhein belohnt. Doch es gibt hier oben noch mehr zu erleben: Rad-Artisten rasen über die **Mountainbikestrecke**, im **Luftsportzentrum** heben Gleitschirm-, Drachen- und Modellbauflieger ab und wenn wir zur richtigen Zeit hier sind, können wir beim Heaven & Hill Festival dabei sein, um Metal-Sounds zu lauschen.

*Wir rollen gegen den Uhrzeigersinn um die Halde herum und wechseln hinter dem **Knoten** 47 von der Dongstraße links in den Donger Schulweg. Über die **Knoten** 48 und 12 jeweils geradeaus erreichen wir Kamp-Lintfort.*

Lintfort ist eine echte alte Zechenstadt, wovon die vielen historischen Häuser aus dieser Zeit zeugen. Das sichtbarste Zeugnis ist der 25 ha. große 4 **Zechenpark**, in dem sich zwei Fördertürme in den Himmel recken. Auch von den 1909 erbauten Zechengebäuden konnten einige erhalten werden.

Von Lintfort aus folgen wir den Schildern nach Kamp, wo wir das Kloster gegen den Uhrzeigersinn umrunden.

*Kurz hinter dem **Knoten** 13 fahren wir links.*

Eine nähere Beschreibung zum **Kloster Kamp** haben wir in der Tour 4 zusammengefasst. Aus diesem Grunde sei an dieser Stelle darauf verwiesen, dass das ehemalige Gelände des **Bergwerks Friedrich-Heinrich** im Jahr 2020 aufwändig umgestaltet wurde. Gemeinsam mit den phantastischen Gärten des Klosters Kamp wurde es zum Schauplatz der **Landesgartenschau**.

*An der querenden Landstraße rechts, die nächste wieder rechts und kurz darauf links in die Klotenstraße. Am Ende der Straße geht es links nach Rheurdt. Von Rheurdt aus folgen wir entweder den beschilderten Radwegen (z.B. **Knoten** 76 – 74 – 27) oder einfach der Radtrasse entlang der Bundesstraße zurück nach Aldekerk, wo wir über die Bahnhofstraße den Bahnhof ansteuern und die Tour beenden.*

Der Zechenpark hält Industriegeschichte am Leben

Direkt am Wegesrand liegt der 68 m hohe **Oermter Berg**, der sogar als Weinberg für die Mönche des Klosters Kamp Einzug in die Geschichtsbücher fand. An schönen Tagen kommen viele Besucher hierher. Einige kommen, um die ruhige Landschaft mit schönen Aussichten zu genießen. Die meisten jedoch widmen sich den beiden **Wildgehegen**, in denen wir Rot- und Dammwild beobachten können.

Eine Grubenlampe in XXL

DAS „GELEUCHT"

Rundtour von Moers über Orsoy und Ruhrort

Eine überdimensionale Grubenlampe geleitet uns auf dieser Radrunde beiderseits des Rheins. Das sogenannte „Geleucht" steht ganz oben auf der Halde Rheinpreußen, so dass wir nach dem etwas mühsamen Aufstieg einen perfekten Überblick über den Tourverlauf bekommen. Weite Teile der Strecke verlaufen durch Duisburger Stadtgebiet – Schimanski lässt grüßen!

Was erwartet mich?

37 km, eine weitgehend ebene Tour auf einem Mix von Straßen, asphaltierten Wirtschaftswegen, naturbelassenen Wegen und Pfaden – beschildert mit Knotenpunkten und als D7 bzw. Rheinradweg und NiederRheinroute.

Wie komm ich hin?

ÖPNV: Bahnhof Moers
Mit dem Auto: Park & Ride Bahnhof Moers, Vinzenzstraße 11, Moers

Was muss ich sehen?

1. **Halde Rheinpreußen, Landmarke „Das Geleucht"**
2. **Historischer Ortskern Orsoy**
3. **Museum der Deutschen Binnenschifffahrt**
4. **Historischer Ortskern Ruhrort**

Wo tank ich auf?

Bäckerei und Konditorei Bolten, Geststraße 8, Duisburg-Baerl
Café / Bäckerei Hagemann, An der Schanz 2, Rheinberg-Orsoy
Walsumer Hof, Rheinstraße 16, Duisburg-Walsum
Walsumer Brauhaus Urfels, Römerstraße 109, Duisburg-Walsum
Zum Hübi, Dammstraße 27, Duisburg-Ruhrort

TOURSTART

Wir starten am Bahnhof von Moers, den wir hinter dem Bahnhof vom Kreisel aus über die Kirschenallee zum ***Knotenpunkt*** *16 verlassen. Von dort fahren wir links in Richtung* ***Knoten*** *17.*

Das älteste Bauwerk von Moers ist das **Schloss** inmitten eines weitläufigen **Parks**. Neben einem **Schlosstheater** beherbergt es heute das **Grafschafter Museum**, das uns in 19 Räumen in längst vergangene Zeiten entführt.

Vom Schloss ist es nicht weit in die **Altstadt** von Moers, die immer noch von der Äußeren Wallanlage umgeben ist. Hier widmen wir uns dem **Ärztehaus**, der Pfarrkirche St. Joseph und dem **Alten Rathaus**.

Zu Beginn der Tour rollen wir durch die sogenannte **Kolonie Meerbeck**. Eine historische Bergarbeiter-Siedlung begeistert uns mit wunderschönen, bestens restaurierten Häusern. Als in der Zeche Rheinpreußen ab 1904 Steinkohle abgebaut wurde, benötigte man viele Mitarbeiter. Damit die einen kurzen Weg zur „Maloche" hatten, wurde diese Siedlung errichtet, in der 10.000 Menschen wohnen konnten.

Im Dunkeln besonders spektakulär

Am Ende der Lindenstraße rollen wir rechts in die Glück-Auf-Straße und wenig später geradeaus in die Forststraße, die uns zu Füßen der Halde Landpreußen zum ***Knotenpunkt*** *17 führt. Hier geradeaus und wenig später links in die Jakob-Schroer-Straße (NiederRheinroute).*

Direkt neben unserer Strecke reckt sich der **Fernmeldeturm** Moers bis auf 163 m in die Höhe. Nur wenige Minuten später entdecken wir gute 74 m über uns eine überdimensionale Grubenlampe – genannt 1 **„Das Geleucht"**. Sie brennt seit 2007 auf der **Halde Rheinpreußen**, die aus dem Abraum der gleichnamigen Zeche entstand. Es gehört also zu unserem Pflichtprogramm, das Dach der Halde mit den Bikes oder per pedes zu erklimmen. Die paar Stufen hinauf in das Geleucht fallen dann auch nicht mehr ins Gewicht. Belohnt werden wir mit einer herrlichen Fernsicht, die vom Landschaftspark über Oberhausen bis in die Niederrheinische Bucht reicht.

Über die A42 und die Verbandsstraße geradeaus hinweg radelnd erreichen wir mit der NiederRheinroute Duisburg-Baerl.

In Rurort ermittelte einst „Schimanksi"

Die Herren von Barle waren es, die um 1234 auf einem Hof lebten, der „Haus Baerl" genannt wurde. Heute ist Baerl der flächenmäßig größte Ortsteil von Duisburg – bei nur etwa 5.000 Einwohnern erwartet uns ein eher ländlicher Charme. Dieses Gefühl wird von der historischen Lohmannsmühle verstärkt, die sich mitten in Baerl erhebt. Die Mühle wurde im Jahre 1805 in der Rekordzeit von etwas mehr als 3 Monaten errichtet! Damit die Mühle auch bei Hochwasser trockene Füße behält, steht sie auf einem aufgeschütteten Hügel.

Baerl verlassen wir auf der Grafschafter Straße, um am Ortsende rechts auf die Paschmannstraße und die Dammstraße abzuzweigen. Der Rheinradweg bzw. D7 geleitet uns nach Orsoy. Am ***Knoten*** *5 biegen wir rechts ab und gelangen zur Fähre.*

Den 2 **Ortskern** von Orsoy sollten wir uns keinesfalls entgegen lassen, denn er wird beschützt von einer bis zu 8 m hohen **Stadtmauer**. Diese entstand, genau wie die wehrhaften Türme, im Mittelalter und gewährt uns durch eines der vier **Stadttore** Einlass. Innerhalb der Mauern entdecken wir das 1600 erbaute **Rathaus** mit einer erhaltenen Gefängniszelle, das repräsentative Gebäude einer **ehemaligen Tabakfabrik**, ein kleines Zollhäuschen und gleich zwei sehenswerte Gotteshäuser.

Klein, fein, weiß: Das Orsoyer Rathaus

Von Außen unscheinbar, von Innen spannend: Das Museum der Deutschen Binnenschifffahrt

*Nach der lustigen Fährfahrt radeln wir am **Knotenpunkt** 20 schräg rechts weiter und folgen dem beschilderten Rheinradweg. Dieser umkurvt zwei Binnenhäfen und verläuft dann stets in Flussnähe. An den **Knoten** 21, 22, 36, 24 und 26 jeweils geradeaus. Am **Knoten** 39 verlassen wir das Ufer und kurbeln auf die Brücke, mit der wir den Rhein überqueren.*

Direkt am Streckenrand liegen das spannende 3 **Museum der Deutschen Binnenschifffahrt**, der urige 4 **Stadtteil Ruhrort** und der **Duisburger Hafen**. Weitere Informationen hierzu finden Sie im **Ortsporträt Duisburg** (s. Seite 84).

Nach den vielen Eindrücken können wir uns direkt am Rhein erholen. Dafür bieten sich die etwas erhöht liegende **Mühlenweide** oder etwas später die **Mercator-Insel** an.

Hinter der Brücke zweigen wir an der Ampelkreuzung links ab in die Ruhrorter Straße, die später geradeaus als Augustastraße durch die City von Homberg verläuft.

„Homberg, die Stadt im Grünen" – so ist es auf einer Mauer am Ufer des Rheins zu lesen. Wenn wir nach links blicken und den **Friesenpark** entdecken, können wir dies gut nachvollziehen.

Am Ende der Augustastraße rechts in die Moerser Straße, deren Radweg wir am Ende des Parks vor der Kreuzung nach rechts parallel zur Husemannstraße verlassen.

Wir rollen mitten durch **Altenhomberg**. Dies war einst nicht nur die Keimzelle von Duisburg-Homberg, sondern für den gesamten linksrheinischen Bereich von Duisburg. Ab 1900 wurde das Viertel an das Gas-, Wasser- und Stromnetz angeschlossen. Trotz schwerer Kriegsschäden und wirtschaftlich turbulenter Zeiten konnte sich Altenhomberg seinen fast schon dörflichen Charme bewahren.

Auch hinter der breiten Kreuzung fahren wir parallel zur Husemannstraße, die am Ende als Weg auf die Friedhofsallee trifft.

Die Friedhofsallee führt rechterhand zum **Lutherpark** und zum Alten Homberger Friedhof. Hier steht auch das achteckige **„Ehrenmal den treuen Toten"**.

Wir radeln mit der NiederRheinroute weiter geradeaus auf der Straße „Schwarzer Weg", die hinter dem Parkplatz als Radweg durch den Wald verläuft und eine Linkskurve vollzieht. Beim nächsten Parkplatz fahren wir rechts in die Elisen- und kurz darauf links in die Hattropstraße.

Der **Uettelsheimer See** entstand wie so viele Seen in dieser Region durch den Abbau von Kies. Bis 1992 wurde er in einen weitläufigen Park eingefasst und mit Stränden versehen. Damit avancierte der Badesee zu einem beliebten Naherholungsgebiet. Aber auch seltene Pflanzen- und Tierarten haben hier ein Refugium gefunden.

Direkt am Ufer des Uettelsheimer Sees liegt ein schöner **Wasserspielplatz**, der bei den Kids bei schönem Wetter für beste Laune und Abkühlung und mit drei Grillplätzen für Abwechslung im Speiseplan sorgt.

*Die NiederRheinroute führt uns über den Kreisel zum **Knotenpunkt** 16 und weiter geradeaus auf der Kirschenallee zurück zum Moerser Bahnhof.*

Wer trotz Elektromotor am Ende der Tour nach Entspannung sucht, findet diese ganz bestimmt im **ENNI Freibad** bzw. im **Aktivbad Solimare**.

Reisemobilstellplätze an oder nahe der Route

ENNI Wohnmobilstellplatz, Filderstraße 144, Moers
Wohnmobilstellplatz am Landschaftspark, Landschaftspark Duisburg

E-Bike Ladestationen an oder nahe der Route

Rathausplatz, Moers
Kaffeerösterei, Rheinberger Straße, Moers-Repelen

Sehen? Hören? Tauchen???
Alles möglich im LaPaDu

LAPADU DIREKT AN DER HOAG – ALLES KLAR SOWEIT?

Rundtour von Meiderich über Sterkrade und Walsum

Bei dieser Tour erwartet uns lebendige Industriekultur: Gleich zu Beginn staunen wir über die Dimensionen des ehemaligen Hüttenwerks, das inzwischen als Landschaftspark Duisburg-Nord (LaPaDu) Besucher aus allen Himmelsrichtungen anlockt. Zeche Sterkrade berichtet vom Untergang der Montanindustrie und wenig später entdecken wir eine ehemalige Wasserburg.

Was erwartet mich?

36 km, eine weitgehend ebene Tour auf einem Mix von Straßen, asphaltierten Wirtschaftswegen, naturbelassenen Wegen und Pfaden – beschildert mit Knotenpunkten und als D7 bzw. Rheinradweg und HOAG-Trasse.

Wie komm ich hin?

ÖPNV: Bahnhof Duisburg-Meiderich

Mit dem Auto: Parkplatz Nähe Bahnhof Meiderich, Auf dem Damm 8, Duisburg-Meiderich

Was muss ich sehen?

1 **Landschaftspark Duisburg-Nord**
2 **Trasse der ehemaligen HOAG-Bahn**
3 **Ehemalige Zeche Sterkrade**
4 **Kastell Holten**

Wo tank ich auf?

Hauptschalthaus, Emscherstraße 71, Duisburg-Landschaftspark
Brauhaus Mattlerhof, Mattlerstraße 30, Duisburg
Bäckerei Schollin, Weierstraße 182, Oberhausen
Der Pommesbauer, Postweg 23, Oberhausen

Kartentipp: **ADFC Regionalkarte radrevier.ruhr West**

TOURSTART

Wir starten am Bahnhof von Duisburg-Meiderich, den wir nach links unter den Gleisen her verlassen. Von der Singstraße biegen wir nach wenigen Minuten links-rechts in die Schwarzwaldstraße ab.

„Medriki", also feuchte Gegend, dürfte die Bedeutung des Ortsnamens von Meiderich sein. Nach einer langen und sehr wechselvollen Geschichte präsentiert sich Meiderich heute eher modern. Das wird vor allem am **Kunst-Bahnhof** liegen, dessen Bahnsteige 85 m lange Bilder zieren.

Am Ende der Schwarzwaldstraße fahren wir rechts und kurz darauf links in die Bronkhorststraße. In der Linkskurve geradeaus, dann rechts auf den Radweg namens „Grüner Pfad".

„Emscherradweg Grüner Pfad" – so lautet der offizielle Name des 10 km langen Radweges, der uns mit perfekten Bedingungen verwöhnt. Im Jahre 1875 wurde die Emschertalbahn eingerichtet, die bis 1987 zwischen den Häfen von Ruhrort und den zahllosen Industriebetrieben der Region fuhr. Berühmt ist Meiderich aber natürlich vor allem durch den 1902 gegründeten **Meidericher Spielverein**, den MSV Duisburg, geworden.

*Der Grüne Pfad geleitet uns schnurgerade zum Landschaftspark, wo wir am **Knotenpunkt** 25 weiter geradeaus radeln.*

Eine sagenhafte Fläche von 180 ha. bedeckt der 1 **Landschaftspark Duisburg-Nord** – auch gerne **„LaPaDu"** genannt. Er ist ohne Frage eines der Aushängeschilder an der Route der Industriekultur. 1901 wurden an dieser Stelle die Rheinischen Stahlwerke zu Meiderich gegründet. Über 84 Jahre lang wurde mit fünf Hochöfen insgesamt 37 Millionen Tonnen Roheisen geschmolzen – ein wichtiger Motor des deutschen Wirtschaftswunders. Seit 1994 können wir unglaubliches im ehemaligen Hüttenwerk erleben: Tauchen im **Gasometer**, klettern im **Erzbunker**, Filme schauen im Open-Air-Kino, Kunst und Musik genießen im **Dampfgebläsehaus**, nächtliche Illuminationen betrachten, einkehren und vieles mehr.

Auch hinter dem Landschaftspark rollen wir entspannt auf dem Grünen Weg, der uns auf perfekter

Schwindelfrei? Dann ´rauf auf den Hochofen!

Trasse unter dem Straßengewirr von A42 und Duisburger Straße sowie später hinter der A3 her führt.

Der Grüne Weg verläuft wirklich durch viel Grün. Nachdem wir die A3 unterquert haben, werden wir „gezählt": Am **ehemaligen Gleis-Dreieck** namens Skagerrakstraße können wir an der blauen **Säule** ablesen, wie viele Radler schon vor uns diese tolle Trasse genutzt haben.

*Beim **Knoten** ⑬ queren wir die Emscher und schmiegen uns ein kleines Stück an die Bahnschienen. Wir radeln nun auf der sogenannten HOAG-Trasse.*

Es waren die **„Hüttenwerke Oberhausen Aktien Gesellschaft"**, abgekürzt „HOAG", die mit einer Bahn Steinkohle zwischen der Zeche Sterkrade und dem Walsumer Hafen transportierten.

Seit 2007 können wir auf einem perfekten Radweg rollen, der insgesamt für 6,8 km einer [2] **Trasse der ehemaligen HOAG-Bahn** folgt. Ohne größere Steigungen und vor allem autofrei gleiten wir an Infotafeln und Figuren vorbei – die Wegweiser sind natürlich „standesgemäß" aus Stahl gefertigt, der von zwei Schienen gehalten wird.

Reisemobilstellplätze an oder nahe der Route

Wohnmobilstellplatz am Landschaftspark, Duisburg
Reisemobilstellplatz Ruhrstadt West, Nieburstraße 65, Oberhausen
Stellplatz Kaisergarten, Am Kaisergarten 30, Oberhausen

E-Bike Ladestationen an oder nahe der Route

Stadtbibliothek, Wilhelmstraße, Oberhausen-Sterkrade

*Die HOAG-Trasse führt uns bei **Knoten** ⓮ geradeaus radelnd an der ehemaligen Zeche Sterkrade vorbei und folgt meist den noch bestehenden Bahnschienen. Später schweift die Strecke nach links ab und trifft bei **Knoten** ㉑ auf den Rheinradweg, dem wir nach links folgen.*

Von der [3] **Zeche Sterkrade** ist leider nicht mehr viel erhalten. Weithin sichtbar ist das Fördergerüst, mit dem einst aus Schacht 1 die Steinkohle zu Tage gefördert wurde.

Unweit der HOAG-Trasse werden wir vom [4] **Kastell Holten** überrascht, denn hier haben wir eine ehemalige Wasserburg nicht erwartet. Schon 1307 wurde eine erste Wehranlage mitten in einer sumpfigen Umgebung angelegt, die man später zur Holtener Burg ausbaute. Der Hauptflügel steht heute noch – die 1308 gegründete Bürgerschützengilde nutzt ihn als Vereinsheim.

Unsere Tour verläuft um den **Hafen Walsum** herum, der zu den großen Duisburger Kohle- und Hüttenhäfen zählt. Die Gute-Hoffnungs-Hütte Oberhausen brauchte einen Hafen, den sie ab 1903 immer weiter ausbauten lies.

Die ehemalige Bahntrasse der Hüttenwerke Oberhausen Aktien Gesellschaft

*Der Rheinradweg führt uns an der Straße entlang um die Häfen herum und dann zum Rheindeich. An den **Knotenpunkten** ㉒ und ㊱ rollen wir jeweils geradeaus und bei **Knoten** ㉔ links.*

Nachdem wir von dem Aussichtspunkt noch einen schönen Blick über den Rhein genossen haben, kommen wir an einem **Spielplatz** und am **Alten Stellwerk** vorbei.

*Wir folgen nun den Schildern der Deutschen Fußball Route Richtung **Knotenpunkt** ㉕.*

Wir rollen bereits seit längerem über **Beeckerwerther** Ortsgebiet, denn der gesamte Rheinbogen zählt dazu. Einst residierten hier die Adeligen von Beek in einem Schloss, das sich Haus Knipp nannte, inzwischen aber abgerissen wurde.

Links neben uns verläuft die **Alte Emscher**, die hier als 7,8 km langer alter Arm des Flusses gemütlich in einem grünen Bett liegt. Dies war nicht immer so, denn einst flossen hier die

Abwässer von Industrie und Haushalten, was zu einer wenig ansehnlichen Brühe führte. Kaum zu glauben, aber erst ab 1995 wurde eine Kanalisation gebaut, so dass die Alte Emscher inzwischen zwar nicht mehr an die Emscher angebunden, dafür aber viel sauberer ist.

Nachdem wir die A59 gequert haben, gelangen wir wieder zum Landschaftspark Duisburg-Nord, der uns mit der **„Wildnis-Biosphäre"** empfängt. Hier können wir bestens nachvollziehen, was sich die Natur gegen die Betonbauten zurück erkämpft.

*Mit mehrfachem Abbiegen rollen wir durch den Landschaftspark, um zum **Knotenpunkt** 25 rechts abzubiegen und auf den Grünen Pfad weiter zu radeln.*

Mit dem Fördergerüst wurde einst aus Schacht 1 Steinkohle zu Tage gefördert

Direkt neben unserem Weg durch den **Landschaftspark** erhebt sich majestätisch der Hochofen 5, in dem bei 2.000° die in der Nähe geförderten Erze zu Roheisen aufgeschmolzen wurden. Drei von ehemals fünf Hochöfen sind noch erhalten, aber nur auf dem Nr. 5 können wir uns frei bewegen. Wer sich ohne Höhenangst auf die Besucherplattform traut, genießt einen wunderbaren Blick über den Landschaftspark und die umliegende Region.

Der Grüne Pfad bringt uns wieder nach Meiderich, wo wir auf derselben Strecke zum Bahnhof zurückfahren, auf der wir herkamen.

Das Ende unserer Tour kündigt sich mit dem Gelände des **Kleingartenvereins Schürmannshof e.V.** an. Hier haben sich die Schrebergärtner eine grüne Idylle geschaffen – die Parzellen sind seit vielen Jahren heißbegehrt!

Auf der Halde Haniel
(er)halten wie den Überblick

Tour
8

Länge
22 km

NÖRDLICH DER TROPEN

Rundtour von Bottrop über Oberhausen und Prosper Haniel

Schon im ersten Drittel dieser Tour erwartet uns eine Fülle an Sehenswertem: Direkt am Wegesrand liegen Burg Vondern, der „tanzende Strommast" namens Zauberlehrling, das berühmte Gasometer und Schloss Oberhausen mit seinem lustigen Tierpark. Danach geht es zurück in die „Tropen" – zur Zeche Haniel, ehe wir entspannt zurück radeln.

Was erwartet mich?

22 km, eine weitgehend ebene Tour mit einer leichten, etwa 3 km langen Steigung auf einem Mix von Straßen, asphaltierten Wirtschaftswegen, naturbelassenen Wegen und Pfaden – zum Teil beschildert mit Knotenpunkten und als Deutsche Fußball Route.

Wie komm ich hin?

ÖPNV: Hauptbahnhof Bottrop

Mit dem Auto: Garage am Hauptbahnhof Bottrop (keine Dachträger!) Am Hauptbahnhof 1, Bottrop

Was muss ich sehen?

1. Burg Vondern
2. Gasometer und Schloss Oberhausen mit Tiergehege
3. Zeche Haniel
4. Haldenereignis Emscherblick mit dem Tetraeder

Wo tank ich auf?

Café Haus Rogge by Florie, Hans-Böckler-Straße 114, Bottrop

Café Carree, Ripshorster Straße 130, Oberhausen

Diverse Einkehrmöglichkeiten an der „Einkehrmeile" des CentrO, Oberhausen

Schloss Gastronomie Kaisergarten, Konrad-Adenauer-Allee 48, Oberhausen

Bistro 180° Einzigartig, Herzogstraße 49-51, Oberhausen

TOURSTART

Wir starten am Hauptbahnhof von Bottrop, den wir nach links und über die breite Essener Straße hinweg geradeaus in die Armelerstraße verlassen. Kurz darauf links in den Thiathildweg. Wir befinden uns auf der Deutschen Fußball Route und folgen den Schildern Richtung ***Knotenpunkt*** *7.*

Herzlich Willkommen in den **„Tropen"**! Wir finden die Endung in vielen Ortsnamen wie Castrop, Frintrop oder eben Bottrop – sie bedeutet „Gruppensiedlung".

Am Ende des Thiathildwegs folgen wir der Beschilderung zum ***Knoten*** *7 im Zickzack durch eine Unterführung und weiter zur Burg Vondern.*

Burg Vondern: Mittelalter mitten im alten Pott

Jenseits der Bahnlinie steht **Haus Hove**, das als Rittergut im 13. Jh. errichtet wurde. Das Torhaus entstand im 15. Jh. und gilt als ältestes Steinhaus der Stadt.

Direkt am Wegesrand erhebt sich 1 **Burg Vondern**, die genauso aussieht, wie wir uns eine mittelalterliche Burg vorstellen: Ein schmaler Torbogen wird von der trutzigen Torburg mit Türmen bewacht, dahinter thront ein repräsentatives Herrenhaus.

Von Burg Vondern radeln wir noch ein kleines Stück auf der Arminstraße weiter, um dann mit dem Kunsttunnel die A42 zu unterqueren.

Im **Kunsttunnel** haben Street-Art-Künstler die Unterführung zu einem Gesamtkunstwerk gestaltet.

Hinter dem Kunsttunnel queren wir erst die Emscher, dann hinter ***Knotenpunkt*** *7 den Rhein-Herne-Kanal.*

Nachdem wir den Rhein-Herne-Kanal überquert haben, werden wir vom wunderbaren **„Zauberlehrling"** empfangen, der 2013 als „tanzender Strommast" für die Ausstellung Emscherkunst entstand. Nur wenige Meter entfernt liegt der ehemalige Gutshof **Haus Ripshorst**.

Auf der anderen Uferseite halten wir uns rechts und bleiben ein gutes Stück am Kanal. Wir rollen im Uhrzeigersinn um den Yachthafen herum und zweigen vor den Bahnschienen rechts auf den Radweg ab.

Wir umkurven die **Marina** Oberhausen, an der ein **Wohnmobilstellplatz** liegt. Auf engstem Raum ballen sich die Freizeit-Attraktionen: **AQUAPark** mit Innen- und Außenbecken, Riesenrutschen, **7th Space** mit einer Virtual-Reality-Erlebniswelt, das **SEA LIFE** mit Aquarien und das **LEGOLAND** Discovery Centre mit einer Illusion aus Kunststoff-Bauteilen. Auch das **CentrO** mit 250 Geschäften, einer Flanier- und Einkehrmeile, Kinocenter und Mehrzweckhalle liegt gleich nebenan.

Hinter dem SEA LIFE wählen wir am Wegekreuz vor dem Ufer den linken Weg, radeln links unter der Bahn her, biegen danach rechts ab und unterqueren kurz darauf eine weitere Brücke. Hinter den Sportplätzen rechts.

Direkt rechts neben uns erhebt sich der **2 Gasometer Oberhausen**, der als „höchste Veranstaltungshalle Europas" gilt. 1929 fertiggestellt wurde der 117 m hohe Behälter bis 1988 als Gastank genutzt – nirgendwo in Europa gab es einen größeren, denn das Speichervolumen betrug 347.000 cbm. Heute dient das Industriedenkmal als Schauplatz für Ausstellungen und Events.

Am Gasometer radeln wir links („Am Grafenbusch") unter den Schienen her, bei nächster Gelegenheit rechts zum Kanal und dann links unter der B223 her. So gelangen wir auf den Parkplatz von Schloss Oberhausen.

Nachdem wir die B223 unterquert haben, entdecken wir die **„Slinky springs to Fame"**. Designer Tobias Rehberger konstruierte von einem Spielzeug inspiriert diese Brücke über den Rhein-Herne-Kanal.

Der vielleicht berühmteste aller Gasometer

Eingebettet in die üppige Natur des 29 ha. großen **Kaisergartens** liegt **Schloss Oberhausen**, das der Stadt den Namen gab. Nach Kriegsschäden wurden die meisten Teile des Schlosses, darunter auch das Herrenhaus,

Reisemobilstellplätze an oder nahe der Route

Wohnmobilstellplatz An der Marina Oberhausen, Heinz-Schleußer-Straße 1, Oberhausen
Stellplatz Kaisergarten, Am Kaisergarten 30, Oberhausen
Reisemobilstellplatz Ruhrstadt West, Nieburstraße 65, Oberhausen

E-Bike Ladestationen an oder nahe der Route

Stadtbibliothek, Wilhelmstraße, Oberhausen-Sterkrade
Schloss Oberhausen, Kaisergarten, Oberhausen

wieder aufgebaut. Es beherbergt u.a. die Ludwiggalerie, wo wir aktuelle und historische Kunst bestaunen können.

Den Parkplatz von Schloss Oberhausen verlassen wir über die Zufahrt und über die B223 hinweg. Auf der anderen Straßenseite wählen wir den Radweg nach links und queren den Kanal. Hinter der ersten Brücke rechts in die Lindnerstraße und weiter am Wasser entlang.

Wir rollen auf einer langestreckten **„Halbinsel"**, die den Rhein-Herne-Kanal und die Emscher trennt.

*Am **Knotenpunkt** 9 gelangen wir mit einigen Serpentinen auf die Brücke, mit der wir die Emscher überqueren können. Wir folgen den Schildern in Richtung **Knoten** 16 . Unser Radweg verläuft etwas ansteigend und zweigt schräg rechts ab zum OLGA-Park.*

Der **„OLGA-Park"** bedeckt eine Fläche von rund 26 ha. und erhielt mit dem Aussichtsturm **„Schwarzes Tor"** eine echte Landmarke.

*Auf perfekter Strecke rollen wir am Nordrand des ehemaligen Zechengeländes entlang auf der Trasse einer ehemaligen Bahn weiter Richtung **Knoten** 16. Auch ein Golfplatz wird so umkurvt.*

Am Rand des Parks liegt die ehemalige **Zeche Osterfeld**, von der das alte **Fördergerüst** als weithin sichtbares Zeichen erhalten werden konnte.

*Der Bahntrassenweg verläuft unter einigen Brücken hindurch. Am **Knotenpunkt** 16 fahren wir links und rechts an der Zeche Haniel vorbei.*

Das Fördergerüst des 3 **Bergwerks Prosper Haniel** betrachten wir voller Ehrfurcht und Wehmut, denn es war einst das letzte aktive Bergwerk im Ruhrgebiet. Ein dramatischer Festakt besiegelte am 21.12.2018 das Ende der Steinkohle im „Pott". 1863 begann der Betrieb der Zeche, die über Jahrzehnte hinweg mehreren Generationen und vielen Tausend Familien ein sicheres Einkommen garantierte und zum Wirtschaftswunder beitrug.

Gleich nebenan erhebt sich die **Halde Haniel**. Mit 159 m ist sie eine der höchsten des Reviers. Ganz oben wurde ein Amphitheater angelegt, das von Stelen gesäumt ist.

Auf dem Tetraeder kommen wir uns vor wie auf dem Mond

Wir zweigen rechts ab in den Goldammerweg und direkt schräg links in den Radweg. An der Querstraße beim Parkplatz geradeaus in „Schlehenkamp", der nach rechts als „Mauskirchweg" über die A2 und hinter einem Seniorenzentrum entlang führt.

Wir streifen auf unserem Weg den **Köllnischen Wald**, der rund 188 ha umfasst und als größer Laubmischwald Westfalens gilt.

An der Wegekreuzung geradeaus auf den Radweg, zwischen den zwei Stadtteichen nach rechts auf den Bernhard-Jäger-Weg und an der Lichtung links auf die „Plaggenbahn". An der Kinderklinik (links) bzw. dem Josef-Albers-Museum (rechts) vorbei treffen wir auf einen Kreisel.

Am Wegesrand liegt das **Josef Albers Museum Quadrat Bottrop**, das dem Wirken des gleichnamigen Künstlers sowie der regionalen Geschichte gewidmet wurde.

Vom Kreisel in die Kirchhellener, an deren Ende links in die Horster und rechts in die Friedrich-Ebert-Straße, die uns zurück zum Hauptbahnhof von Bottrop bringt.

Nur wenige Meter von unserem Radweg entfernt thront der **4 Tetraeder** auf dem **„Haldenereignis Emscherblick"**. Von der Aussichtsplattform bietet sich eine unglaubliche Fernsicht!

Die alten Fördertürme wirken fast wie Dinosaurier – ausgestorben sind sie leider auch

Tour 9

Länge 20 km

DAS GESICHT DER INDUSTRIEKULTUR

Rundtour von Essen über Stroppenberg und Frillendorf

Nur 20 km lang ist diese Tour, die uns einmal durch das Essener Stadtgebiet geleitet. Zu kurz? Keinesfalls, denn es gibt unglaublich viel zu sehen: Nach dem Start entdecken wir Lichtburg, Grillo-Theater, Dom und vieles mehr in der Essener Shopping-Meile. Absolutes Highlight ist Zeche Zollverein, die wie kein anderes Bauwerk das Revier verkörpert.

Was erwartet mich?

20 km, etwas hügelige Tour mit einigen kleineren Steigungen auf einem Mix von Straßen, asphaltierten Wirtschaftswegen, naturbelassenen Wegen und Pfaden – zum Teil beschildert mit Knotenpunkten und als Emscherparkradweg.

Wie komm ich hin?

ÖPNV: Hauptbahnhof Essen

Mit dem Auto: Diverse Parkhäuser rund um den Hauptbahnhof Essen (keine Dachträger!) sowie Parkplätze wie z.B. P4, Hachestraße, Essen

Was muss ich sehen?

1 Dom Essen
2 Kokerei Zollverein
3 Zeche Zollverein
4 Zeche Bonifatius

Wo tank ich auf?

Café Nord, Viehofer Platz 1, Essen
Bistro Schacht XII, Gelsenkirchener Straße 181 Halle 12, Essen
Mezzo Mezzo am Zollverein, Gelsenkirchener Straße 187, Essen
Biergarten am Mechtenberg, Am Mechtenberg 81, Essen

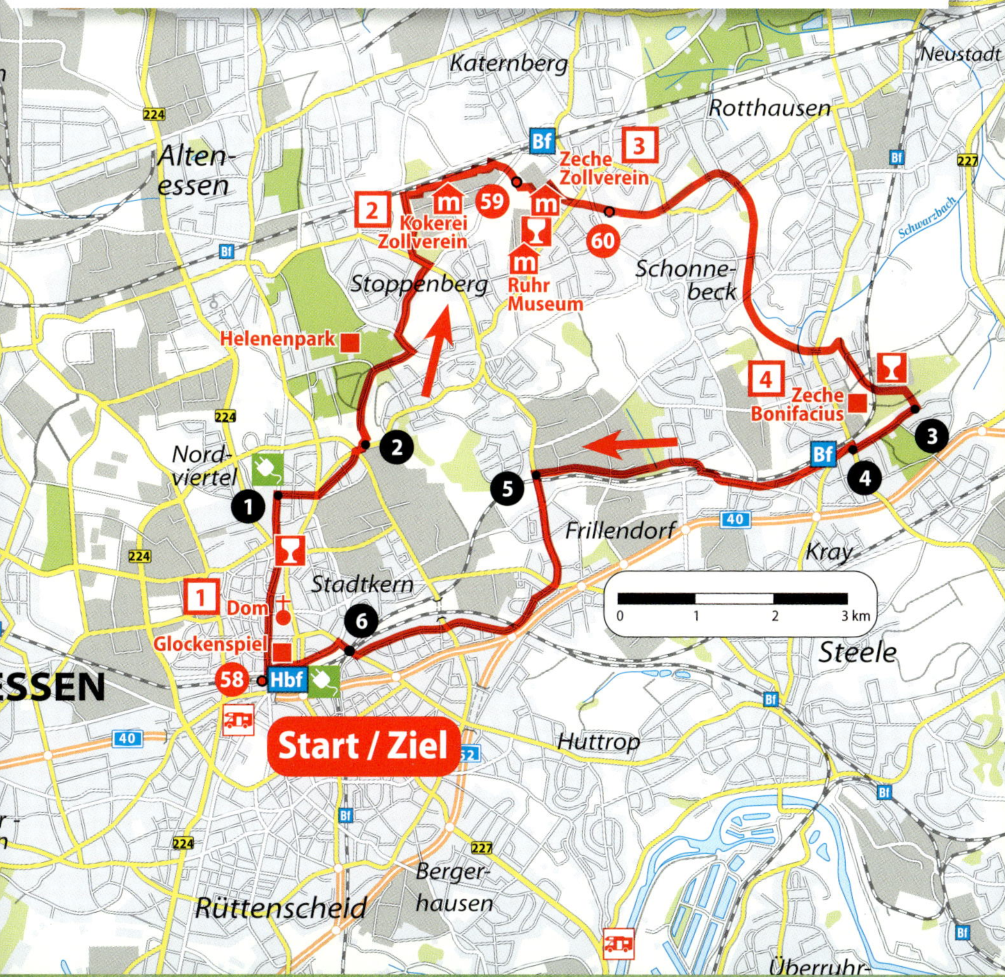

TOURSTART

*Wir starten am Hauptbahnhof von Essen (**Knotenpunkt** 58), den wir über die breite Straße zum Willy-Brandt-Platz in die Fußgängerzone verlassen. Via Kettwiger Straße durchqueren wir geradlinig die Einkaufsmeile.*

Gleich zu Beginn der Tour kommen wir durch die Einkaufsmeile von Essen, die zugleich gespickt ist mit Sehenswertem: Am Geschäftshaus Deiter entdecken wir ein **Glockenspiel**, das 1928 hier montiert wurde. Nur wenige Meter entfernt steht die auch 1928 errichtete **Lichtburg**. Genau 1.250 Cineasten können hier auf die Leinwand blicken – kein Kino Deutschlands ist größer. Gegenüber steht das farbenfrohe **Grillo-Theater** und wenige Meter weiter der **1 Dom**, der einst die Stiftskirche eines 845 gegründeten Frauenstifts war. Auf die Szenerie blickt **Kaiser Wilhelm I.**, der von seinem Ross sitzend Würde ausstrahlt.

Kirchenkultur im Dom...

Autofrei aber mit vielen Fußgängern geht es immer geradeaus über Markt, Flachsmarkt und Viehofer Straße bis zum Pferdemarkt.

Wir tangieren **Marktplatz**, Flachs- und **Pferdemarkt**, auf denen das Leben pulsiert.

*Auch hinter dem Pferdemarkt bleiben wir geradlinig, überqueren mittels Ampeln den Viehofer Platz geradeaus und rollen auf der Altenessener Straße weiter. An der Beisingstraße rechts (**Wegepunkt** ❶) und mit der Ampel geradeaus über die breite Stroppenberger Straße. Auf der anderen Straßenseite folgen wir dem Radweg nach links, direkt danach schräg rechts weiter entlang der Straße Am Freistein.*

Wir tangieren einen kleinen **Park** mit Spielplatz, der genau richtig ist, um einmal kurz durchzuschnaufen.

*Über die große Ampelkreuzung radeln wir geradeaus, direkt dahinter an der nächsten Fußgängerampel (**Wegepunkt** ❷) links in den Radweg und am Schul- und Jugendzentrum entlang. Der Seumannstraße folgen wir nach rechts.*

Die vielen **Schrebergärten** des Ruhrgebiets fallen uns immer wieder ins Auge. Die Bürger pachten sehr gerne diese Grundstücke, um Obst und Gemüse anzubauen.

An der Weggabelung am Ende der Schrebergärten zweigen wir schräg rechts ab in die Tuttmannstraße. An der querenden Twentmannstraße links und kurz dahinter rechts in Ahrendahls Wiese.

... und Industriekultur beim Zollverein

Wir rollen am **Gelände des Kleingartenvereins Essen Altstadt-Nord** vorbei, der 1928 gegründet wurde und 1970 seinen Namen bekam. Grün für alle bietet der weitläufige **Helenenpark**, der ebenfalls in den 1970er Jahren seine heutigen Dimensionen annahm.

Den schön begrünten Kreisel Ahrendahls verlassen wir nach links über die Backwinkelstraße, um direkt schräg rechts in „Großwesterkamp" zu rollen. So gelangen wir zur Kokerei Zollverein, wo wir vor den Schienen rechts abbiegen.

Rechts neben uns erheben sich die **denkmalgeschützten Gebäude** der ehemaligen Zeche Zollverein. Die Dimensionen der **2 Kokerei Zollverein** beeindrucken jeden Besucher. In den 1970er Jahren wurden täglich rund 10.000 Tonnen Kohle zu Koks verarbeitet. Dafür wurden 304 Öfen in der damals modernsten Zentralkokerei Europas betrieben.

*Im Zick-Zack geht es hinter der Großen Halle der Kokerei her und dahinter nahtlos weiter auf dem Radweg, der uns am **Knotenpunkt** 59 geradeaus und an der Zeche Zollverein entlang führt.*

Am Wegesrand liegt die „Treppe ins Nichts" – eindeutiger kann man ein Kunstwerk wohl nicht beschreiben!

Es gibt vermutlich kaum ein anderes Bauwerk, das die Industriekultur so perfekt verkörpert wie **3 Zeche Zollverein XII**. Im Jahre 1851 begann hier die Förderung von Steinkohle, die sich später auf diverse Schächte verteilte. 2,4 Millionen Tonnen des schwarzen Goldes

Welterbe Zollverein

wurden aus bis zu 1.000 m Tiefe nur im Jahr 1953 zu Tage gefördert, was für viele Tausend Familien der Region ein sicheres Einkommen bedeutete. 1986 wurde die Zeche genau einen Tag vor Heiligabend stillgelegt – und mit ihr ein wichtiger Baustein des deutschen Wirtschaftswunders.

Heute ist Zollverein ein riesiges Museum, in dem wir die Historie der Steinkohlenförderung und -verarbeitung hautnah nachvollziehen können. Im einstigen **Kesselhaus** ist das „red-dot-Museum" untergebracht und viele weitere Gebäude wie **Waschkaue**, Kohlewäsche etc. werden ebenfalls sinnvoll genutzt. Eine endlos erscheinende, 58 m lange Rolltreppe bringt uns zum Ruhrmuseum, das den Bogen durch das ganze Revier schlägt.

*Wir folgen den Schildern zum **Knotenpunkt** 60, dort rechts, dann rollen wir die nächsten Kilometer entspannt auf einer ehemaligen Bahntrasse, die auch als Deutsche Fußball Route und Emscherparkradweg ausgeschildert ist.*

Vorbei am Atelier im **Stellwerk** am Zollverein umrunden wir das Gelände der Zeche Zollverein mit ihren ehemaligen Schächten III, VII und X. Hier ist auch das **Phänomania Erfahrungsfeld** zu finden.

Der ehemalige Lokschuppen weist uns darauf hin, dass wir an der 4 **Zeche Bonifatius** vorbei kommen. In der prachtvollen Alten Lohnhalle wurde ein ganz besonderes Industriekulturhotel untergebracht. Weithin sichtbar ist das rote Fördergerüst der Zeche, die zur besten Zeit 2.600 Personen beschäftigte.

*Über einen kleinen Stichweg verlassen wir hinter der Zeche Bonifatius unseren lieb gewonnen Radweg nach rechts (**Wegepunkt** ❸) und treffen auf die Grimbergstraße. Hier zweigen wir rechts ab und folgen der Straße an den Schrebergärten vorbei.*

Genau an der Stelle, wo wir die Radtrasse verlassen müssen, entsteht der **Schnellradweg RS1**. Dieser wird nach und nach fertiggestellt, so dass wir mit etwas Glück ganz neue Teilabschnitte davon nutzen können.

*Am querenden Korthover Weg rechts (**Wegepunkt** ❹) und gleich wieder links, dann können wir erst links, dann rechts neben der alten Bahntrasse weiterrollen.*

Am Wegesrand liegt der **Hallopark**, in dem sich einst der Kaiser-Wilhelm-Turm erhob. Den gibt es nach schweren Kriegsschäden zwar nicht mehr, dafür aber den größten Rasen Essens, uralte Bäume und einen Aussichtspunkt am Friedhof.

*An der Ecke zur Ernestinenstraße (**Wegepunkt** ❺) wird es Ernst: Wir biegen links auf die Straße und folgen ihr bis zur Kreuzung Frillendorfer Straße. Hier radeln wir geradeaus auf dem Wisthoffweg, der die Bahn unterquert und als Gerhard-Stötzel-Straße weiter läuft. Wenn wir nun geradeaus der Franziskanerstraße folgen, die Bahnschienen nach rechts (**Wegepunkt** ❻) unterqueren und die nächste Straße links einbiegen, erreichen wir den Hauptbahnhof Essen, wo die Tour endet.*

Eingerahmt von A52, A40 und kleineren Straßen liegt der **Twingenbergplatz**. Ein weiteres Beispiel dafür, dass man in der Vergangenheit immer wieder versucht hat, mitten im Pott kleine, grüne Oasen zu schaffen.

Weitere Informationen über den Ort finden Sie im **Ortsporträt Essen** (siehe S. 68).

Reisemobilstellplätze an oder nahe der Route

Wohnmobilstellplatz Essen, Baedeckerstraße 5, Essen
Campingplatz Deichklause, Laupendahler Landstraße 140, Essen

E-Bike Ladestationen an oder nahe der Route

Essen, RWE-Ladestation, RWE-Platz, Essen-Nordviertel
Essen Hauptbahnhof

... weniger bekannt, aber auch spannend: Zeche Bonifatius

ESSEN

Essen steht wie kaum eine andere Stadt im Revier für den Strukturwandel, der sich auch im Umweltschutz deutlich bemerkbar macht. Um dies zu würdigen, verlieh man der zweitgrößten Stadt des Ruhrgebiets im Jahr 2017 den Titel „Grüne Hauptstadt Europas". Die großen Bemühungen, die Probleme Straßenverkehr, Luftverschmutzung und Treibhausgasemissionen zu minimieren, wurden damit hochoffiziell von der EU anerkannt.

Eine schöne Entwicklung der Stadtgeschichte, die bereits 850 begann, als ein Frauenstift hier gegründet wurde, nachdem der heilige Luidger in Werden etwa 50 Jahre zuvor ein Kloster gegründet hatte. Kaiser Karl IV verlieh Essen im 14. Jh. den Status der Reichsstadt, die sich fortan gut entwickelte. Das Zeitalter der Industrialisierung sorgte dann für einen unglaublichen Entwicklungsschub. Essen wurde zu einer der größten Industriestädte Deutschlands, wobei der Name Krupp mit diesem Aufstieg unteilbar verbunden ist. Friedrich Krupp ließ 1811 das erste Stahlwerk in Essen errichten. Revolutionär war 1912 die Erfindung des nichtrostenden Stahls im Hause Krupp. Bergbau und die Stahlindustrie boomten und zogen Menschen aus ganz Europa an, denn hier gab es schwere, aber auch gut bezahlte Arbeit.

„Stahl-" bedeutet auch stets „Rüstungsindustrie" und so mutierte die Stadt im Zweiten Weltkrieg zum Hauptstandort der Kriegsindustrie. Also erfuhr Essen dasselbe Schicksal wie alle anderen Städte im Pott – es wurde im Bombenhagel dem Erdboden gleich gemacht.

Nach dem Krieg kamen die „Wirtschaftswunderjahre": Kohle und Stahl waren gefragt wie nie zuvor – schnell wurde die Stadt wieder aufgebaut und um die Betriebe der Schwerindustrie herum entstanden große Wohnsiedlungen. Der Name Krupp war seinerzeit allgegenwärtig. Als großer Arbeitgeber, aber auch als Förderer des sozialen Miteinanders. Mit dem Niedergang des Bergbaus und der Reduzierung der Stahlproduktion hielt die Wirtschaftskrise auch in Essen Einzug.

Zeche Zollverein…

…kann auch „nass"

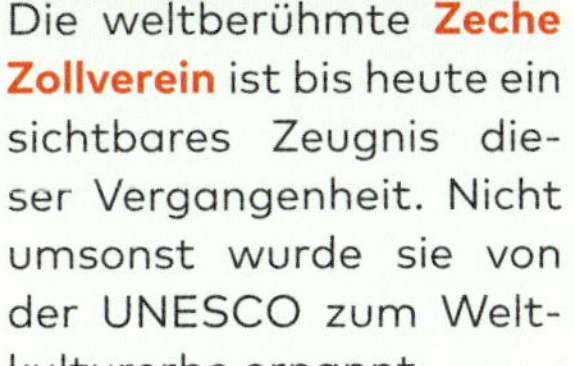

Die weltberühmte **Zeche Zollverein** ist bis heute ein sichtbares Zeugnis dieser Vergangenheit. Nicht umsonst wurde sie von der UNESCO zum Weltkulturerbe ernannt.

Der Strukturwandel ist immer noch in vollem Gange – im Bereich der Dienstleistung entstanden viele neue Arbeitsplätze und auch die Innenstadt erfreut sich größerer Beliebtheit wie je zuvor. Sie wird von der Fußgängerzone durchzogen. Auf der Kettwiger Straße kommen wir am alten **Baedeckerhaus** und am **Glockenspiel** vorbei, in dem sich von 12 bis 19 Uhr stündlich Figuren drehen. Gottschalk Dietrich Baedecker war ein bekannter Sohn Essens, der im 18. Jhd. das gleichnamige Unternehmen mit Verlag, Buchdruckerei und Buchhandlung gründete. Direkt nebenan liegt das **Deutsche Plakatmuseum** mit über 80.000 Exponaten zur Entwicklung der Plakate.

Ebenfalls in der Nähe steht die neoklassizistische Fassade des **Grillo-Theaters**. Das Gebäude wurde der Stadt 1887 vom Industriellen Friedrich Grillo geschenkt. Wir kommen vorbei am Denkmal von Wilhelm I.,wo sich nebenan ein uraltes Kino, die Lichtburg, befindet und gelangen zum Höhepunkt der Stadttour. Das im 9. Jhd. gegründete und 1275 bis 1327 erbaute **Münster** beherbergt die Goldene Madonna. Die 980 unter Äbtissin Mathilde geschaffene Marienfigur gilt als älteste ihrer Art im Abendland. Die 74 cm hohe Figur war ursprüng-

Moderne Schaltzentrale von Thyssen-Krupp

Die Alte Synagoge wurde 1913 geweiht

lich mit Goldblech überzogen, wurde aber zwischenzeitlich umgestaltet. Die Krone soll 983 Otto III. getragen haben, als er noch als Kind in Aachen gekrönt wurde. Äbtissin Mathilde war damals seine Taufpatin, daher bekam sie die Krone später geschenkt. Wer nun der Kettwiger Straße noch ein Stück folgt, kommt zur **Marktkirche** (11.Jhd., umgebaut 15. Jhd.), die im Mittelalter das Zentrum des Marktes markierte und später Keimzelle der Reformation wurde. Auf dem Platz wurde Alfred Krupp ein Denkmal gebaut. Ein weiteres wichtiges Zeugnis der religiösen Geschichte ist die **Alte Synagoge Essen**, die 1913 geweiht wurde und als größte Synagoge nördlich der Alpen gilt. Unter kupfergedeckten Kuppeln bzw. hinter den kunstvollen Fenstern verbergen sich kostbare Mosaike und Tafeln, das Gebäude wird durch wuchtige Bronzetore betreten. In der Reichskristallnacht wurde die Synagoge weitgehend zerstört. Die Stadt Essen kaufte das Gebäude nach dem Krieg, es folgte ein mühevoller Wiederaufbau, so dass die Alte Synagoge 1980 neu eröffnet werden konnte. Nur ein Stück auf der mehrspurigen Straße entfernt ragt das 106 m hohe **Rathaus** empor,

Das Museum Folkwang ist ein „MUSS" für Kunstbegeisterte

das als höchstes Rathaus Deutschlands gilt. Wir können in den 22. Stock fahren und von der „Panorama-Etage" aus Essen und das Revier überblicken.

Kunstfreunde wird es außerhalb der City in das **Museum Folkwang** ziehen. Es begeistert uns mit moderner Kunst berühmter Künstler.

Das Wahrzeichen der Stadt ist aber ohne Frage das **Weltkulturerbe Zeche und Kokerei Zollverein** im Ortsteil **Katernberg**. Hier wurden früher das „schwarze Gold" ans Tageslicht gefördert und direkt nebenan zu Koks gebrannt. Den Koks wiederum benötigte man in den nahegelegenen Stahlwerken. Zollverein entstand 1847 aus der Zusammenlegung von 13 Kohlefeldern. Die Tagesanlagen entstanden ab 1928 in damals richtungsweisender Architektur, die man „neue Sachlichkeit" nannte und heute Platz für Kultur bieten, wie z.B. für das **Design Museum NRW**. Im **Casino** speisen wir zwischen Beton und Kompressor, nachdem wir den original erhaltenen **Museumspfad** beschritten haben. Dieser führt uns vorbei an Förderbändern, Maschinen, Kohlenwäsche, Sieberei und anderen Betriebseinrichtungen. Filme, Modelle und andere Exponate am Wegesrand lassen uns eintauchen in die mühsame Arbeit in dieser riesigen Anlage. Übrigens: Kennen Sie eine „Bergmanns-Kuh"? Nun, in der dicht besiedelten Ruhr-Region waren Kühe nur schwer zu halten, zur Eigenversorgung hielten sich aber viele Bergleute eine Ziege, die „Kuh des Bergmanns" genannt wurde.

Im Aquarius erleben wir das Element Wasser hautnah

Tour 10 Länge 28 km

DAS GRANDIOSE FINALE DER RUHR

Rundtour von Mülheim über Duisburg

Gleich zu Beginn freuen sich unsere Pneus über zwei exzellente Radwege: Mit dem zukunftsweisenden Radschnellweg Ruhr „RS 1" überqueren wir die Lebensader des Ruhrgebiets, dann geht´s weiter über den berühmten Ruhrtal-Radweg. Am Wegesrand liegt überraschend viel Grün, aber auch sehenswertes wie das Aquarius, Schloss Broich oder der Duisburger Zoo.

Was erwartet mich?

28 km, eine weitgehend ebene Tour auf einem Mix von Straßen, asphaltierten Wirtschaftswegen, naturbelassenen Wegen und Pfaden – zum Teil beschildert mit Knotenpunkten und als Radschnellweg Ruhr „RS 1" sowie Ruhrtal-Radweg.

Wie komm ich hin?

ÖPNV: Hauptbahnhof Mülheim a.d.R.

Mit dem Auto: Parkplatz Hauptbahnhof Mühlheim a.d.R., Parallelstraße, Mülheim a.d.R.

Was muss ich sehen?

1. Schloss Styrum mit Aquarius
2. Kirche St. Salvator
3. Zoo Duisburg
4. Schloss Broich

Wo tank ich auf?

Restaurant am Ruhrpark, Kewerstraße 41, Oberhausen

TEOS Duisburg, Münzstraße 46, Duisburg

Copenhagen Coffee Lab, Martinstraße 51, Duisburg

Afrika Lodge, Etage G im Zoo Duisburg, Duisburg

TOURSTART

*Wir starten am Hauptbahnhof von Mülheim an der Ruhr, den wir über die Straße hinweg verlassen, um schräg links hinauf auf den Radweg RS1 zu gelangen (**Knotenpunkt** ❷) und geradeaus weiter zu rollen.*

Wir genießen die breite Trasse vom **Radschnellweg Ruhr „RS 1"**, der uns über die Ruhrbrücke geleitet. Schon 2010 wurde die Idee geboren, eine durchgehende, autofreie Radtrasse zwischen Moers und Bergkamen zu erschaffen.

*Hinter der Ruhrbrücke folgen wir den Schildern zum **Knoten** ❸ und verlassen den RS 1 nach links. Hier treffen wir auf den Ruhrtal-Radweg, dem wir nach links flussabwärts folgen.*

An der Rheinorange endet die Reise der Ruhr

Wir rollen durch einen Teil der **Mülheimer Gartenschau**. Das 66 ha. große Gelände entstand 1992 und wird auch gerne einfach „MüGa" genannt. Aus verfallenden Industrieanlagen und Brachflächen entstand diese grüne Lunge, die vom sogenannten **„Stadt-Viadukt"** durchzogen wird. Das Bauwerk entstand 1865 gemeinsam mit der **Ruhrbrücke Mülheim** und ist damit ein Teil der Mülheimer Geschichte.

*Mit der Styrumer Brücke überqueren wir die Ruhr, rollen bei **Knoten** ❹ geradeaus und kommen am Aquarius sowie am Schloss Styrum vorbei.*

500.000 Liter Wasser speicherte einst der über 100 Jahre alte und 50 m hohe Mülheimer [1] **Wasserturm Aquarius**. Heute steht er unter Denkmalschutz und hält auf 14 Ebenen Informationen rund um das Thema Wasser bereit. Zwei gläserne Aufzüge bringen uns auf die oberste Ebene, von der aus wir eine herrliche Rundumsicht genießen können, ehe wir über 30 Stationen abwärts wichtiges über den Quell des Lebens erfahren. Los geht es mit einem Wassertropfen, den wir auf seinem Weg ins Meer begleiten und dabei die Gefahren sehen, die ihn umgeben. Der Naturschutzgedanke wird so auf interessante Weise vermittelt.

Gleich nebenan liegt in einem Park, der noch zum MüGa-Gelände zählt, das wunderbare [1] **Schloss Styrum**. Es geht auf einen fränkischen Oberhof zurück, der seit dem 13. Jhd. mehrfach umgestaltet wurde. Schön anzusehen sind der sechseckige Treppenturm und

der eingeschossige Torbau. 1959 wurde Schloss Styrum von Thyssen der Stadt Mülheim zur Einrichtung einer Altentagesstätte geschenkt.

Hinter dem Schloss folgen wir weiter dem Ruhrtal-Radweg, biegen links ab, folgen der Autobahn ein Stück und unterqueren diese alsbald mit einer kleinen Schleife nach rechts.

Schloss Styrum versteckt sich direkt neben dem Aquarius

Wir radeln unter Autobahnen und Bahnstrecken her, was für eine recht laute Umgebung sorgt. Dennoch haben wir Natur um uns herum, wie Naturbad Mülheim, Ruhrstadion, das Gelände des Festivals „Ruhr Reggae Summer" und den weitläufigen Ruhrpark mit Spielplatz und Bikepark.

Unser Ruhrtal-Radweg verläuft stets in Ufernähe der Ruhr und kreuzt weitere Autobahnen, Bahntrassen und Bundesstraßen. Im Duisburger Hafen fordern uns die Schilder auf, die Ruhr über ein Wehr zu überqueren. Den Kreisel verlassen wir bei ***Knoten*** *29 an der zweiten Ausfahrt.*

In dem Kreisel haben wir die Gelegenheit, einen kleinen Abstecher zur Ruhrmündung zu unternehmen. Dies sollte aber gut überlegt sein, denn hier gibt es eine größere Baustelle, die das Radeln nicht angenehm gestaltet!

Wer sich „durchwurschtelt", erreicht die Mündung der Ruhr in den Rhein. Markiert wird sie von der „Rheinorange", eine große Stahlsteele, die vom Bildhauer Lutz Fritsch erschaffen wurde.

Kurz darauf rollen wir links in die Kaßlerfelder Straße und an der querenden Ruhrorter Straße rechts. Am ***Knotenpunkt*** *30 fahren wir geradeaus, bei 31 links in die Post- und direkt rechts in die Gutenbergstraße. Diese geht zunächst in die Köhnen-, dann in die Landfermannstraße über, mit der wir die A59 über- und die Gleise unterqueren.*

In St. Salador wurde Mercator begraben

Die Altstadt von Duisburg wurde im 2. Weltkrieg fast vollständig zerstört, nur wenige Highlights wie die im 8. Jhd. gegründete 2 **St. Salvatorkirche** wurden wieder aufgebaut. Hier finden wir auch das Grabmal des **Gerhard Mercator**, der sich im 16. Jhd. als Geograph einen Namen machte. Gerhard Mercator wurde in den Niederlanden bekannt durch seine Herausgabe von See- und Landkarten. Bei der Erarbeitung seiner großen Weltkarte wandte er 1569 erstmals das nach ihm benannte winkeltreue Zylinderprojektionssystem an.

Der Wandel Duisburgs macht sich im Innenhafen besonders bemerkbar. Schuten, Kräne, LKW, Industrie- und Lageranlagen sind verschwunden und einem modernen Stadtviertel gewichen, das in teils alter, teils supermoderner Kulisse beheimatet ist. Bestes Beispiel ist die **Küppersmühle**, einst als „Brotkorb des Reviers" bezeichnet. Hier wird nun Gegenwartskunst präsentiert. Wer mag, entert im Innenhafen eines der Tretboote und verausgabt sich auf dem Wasser, andere genießen den Blick aufs Wasser oder auf die Yachten in der Marina.

Unverstehlich kuschelig!

Hinter der Bahnunterführung bleiben wir auf dem Radweg entlang der Mülheimer Straße, die später zur Duisburger Straße wird.

Links neben uns erstreckt sich das riesige Gelände vom 3 **Zoo Duisburg**. Um unsere tierischen Freunde so richtig genießen zu können, brauchen wir reichlich Zeit. Ein separater Besuch außerhalb der Radrunde bietet sich also an. Dann können wir bei Fütterungen und öffentlichen Trainings dabei sein und mit den Tierpflegern sprechen. Überregional bekannt ist das **Delfinarium**, wo wir die schlauen Tiere bei Vorführungen in Aktion sehen können. Für uns ist nur ein kleiner Teil der Becken sichtbar – die großen Tümmler haben hinter den Kulissen ausreichend Platz, sich zu bewegen und sich

Schloss Broich blickt über Ruhr und Mülheim

zurück zu ziehen. Aber natürlich warten auch die flauschigen Koalas, seltene Kängurus, Elefanten, Löwen und viele andere, teils vom Aussterben bedrohte Arten darauf, uns einen Einblick in ihr Leben zu gewähren.

Hinter der nächsten Unterführung erreichen wir nach einem Linksbogen auf der linken Seite die Gebäude der Hochschule. Dahinter zweigen wir links in „Zur Alten Dreherei" ab und kommen am Ende der Straße durch einen Fuß- und Radweg zum Radschnellweg Ruhr RS1, dem wir nach rechts folgen.

Wir rollen direkt über das Gelände der **„Alten Dreherei"**, die zur Route der Industriekultur zählt. Auf der weitläufigen Fläche drum herum wurde zwischen 1874 und 1959 das zur besten Zeit profitabelste **Ausbesserungswerk** der Bundesbahn betrieben.

*Der RS1 geleitet uns autofrei wieder zurück zum **Knotenpunkt** 2, wo wir links abfahren, den Mülheimer Bahnhof erreichen und unsere Runde beenden.*

Kurz vor Ende der Radrunde kommen wir an 4 **Schloss Broich** vorbei, das mitsamt seinen wuchtigen Wehranlagen bereits von den Karolingern errichtet wurde.

Weitere Informationen über Sehenswertes in der Stadt finden Sie im **Ortsporträt Mülheim an der Ruhr** (siehe S. 94).

Reisemobilstellplätze an oder nahe der Route

Wohnmobilstellplatz Mülheim-Saarn, Mintarder Straße, Mülheim a.d.R.

Freizeitdomizil Entenfangsee, Am Entenfang 7, Mülheim

E-Bike Ladestationen an oder nahe der Route

Ladestation am RS1, Nähe Rathaus, Mülheim an der Ruhr

Aquarius Wassermuseum, Mülheim an der Ruhr

Restaurant Pfefferkönig, Am Ruhrpark, Oberhausen

Am Eingang vom Zoo Duisburg, Mülheimer Straße, Duisburg

Atemberaubend: Tiger and Turtle

TIGER UND SCHILDKRÖTEN

Rundtour von Duisburg-Hochfeld über Kaiserswerth und Angermund

Nein, wir machen keinen Abstecher in den Zoo – auch wenn der Tourtitel dies suggeriert. Vielmehr kurbeln wir auf eine der zahlreichen Halden, besuchen dort eine begehbare Skulptur und genießen die einmalige Fernsicht über das Revier. Durch das bezaubernde Kaiserswerth und an der Sechs-Seen-Platte vorbei geht es dann wieder zurück nach Hochfeld.

Was erwartet mich?

39 km, eine weitgehend ebene Tour auf einem Mix von Straße, asphaltierten Wirtschaftswegen, naturbelassenen Wegen und Pfaden – teilweise beschildert als Rheinradweg, D7, Euroga-Radweg und NiederRheinroute.

Wie komm ich hin?

ÖPNV: Bahnhof Duisburg Hochfeld-Süd / Rheinpark
Mit dem Auto: Parkplatz DVG, Hardtstraße 7, Duisburg

Was muss ich sehen?

1. Tiger and Turtle – Magic Mountain
2. Kaiserpfalz Kaiserswerth
3. Schloss Kalkum
4. Schloss Heltorf

Wo tank ich auf?

Biergarten Biegerpark, Angertaler Straße 99, Duisburg
Gartenwirtschaft Schwenke, Am Hasselberg 290, Duisburg
Wunderhaus Hinkel & More, An St. Swidbert 4, Düsseldorf
Haus Seeblick, Strohweg 12, Duisburg

Kartentipp: **ADFC Regionalkarte Niederrhein Süd**

TOURSTART

Wir starten am Bahnhof Duisburg Hochfeld-Süd / Rheinpark, den wir entlang der Wanheimer Straße nach links verlassen. Um dorthin zu gelangen, müssen wir vom Bahnhof einen kleinen Schlenker fahren. Der rot markierte Radweg an der Wanheimer Straße begleitet uns bis zu einer Linkskurve.

Den Namen erhielt Hochfeld durch seine „hohe" Lage über dem Rhein, der es vor Hochwasser schützte. Das markanteste Bauwerk des Ortes ist der Turm der **Kirche St. Bonifatius**, der an der Stelle eines wesentlich älteren Vorgängerbaus steht.

*In der Linkskurve zweigen wir rechts ab (**Wegepunkt** ❶) und bleiben damit auf der Wanheimer Straße. Wenig später können wir die Straße nach rechts verlassen und ein Stück am Rheinufer entlang radeln.*

Die **Rheinpromenade** ist das Bindeglied zwischen Wanheim und dem Rhein. 1911 wurden hier die **Wanheimer Eisenwerke** gegründet, die erst zum Konzern MAN – der „Bayerischen Maschinenfabrik Augsburg-Nürnberg", dann zum ThyssenKrupp-Konzern gehörten.

*Der Rhein-Radweg verläuft weiter auf der Wittlaer Straße und verabschiedet sich dann nach links auf der Friemersheimer Straße (**Wegepunkt** ❷) vom Ufer. Schienen und Querstraße passieren wir geradeaus („Am Trollberg"). Die kleine Straße trifft auf die Molbergstraße, wo wir rechts und kurz darauf wieder rechts in die Kaiserswerther Straße abbiegen. Am **Knotenpunkt** 35 weiter geradeaus.*

Rechts neben uns erstreckt sich der **Biegerpark** mit seinem beliebten Biergarten. Auf der benachbarten Halde Gipfel thront [1] **Tiger and Turtle – Magic Mountain**. In 35 m Höhe erwartet uns eine einzigartige, 48 m messende, begehbare Skulptur. In Memorandum an die alte Zinkhütte wurde die Konstruktion, die einer Achterbahn nachempfunden ist, aus verzinktem Stahl hergestellt. Der Name „Tiger and Turtle" soll nach Aussage der Künstler an die „Dynamik eines Tigers als auch an die Langsamkeit einer Schildkröte erinnern".

Hinter dem Magic Mountain folgen wir den Schildern des Rheinradwegs erst entlang des Angerbachs,

Die Kaiserpfalz entstand unter Barbarossa

*dann mit mehrmaligem Abbiegen durch Ungelsheim und Serm ans Ufer des Rheins (**Wegepunkt ❸**), dem wir flussaufwärts folgen. Stets am Ufer entlang passieren wir Bockum und Haus Werth.*

Am Wegesrand liegen landwirtschaftliche Betriebe wie **Gut Kaiserhof**, kleine Ortschaften wie Wittlaer oder das historische **Haus Werth** mit seiner strahlend weißen Fassade, die im oberen Bereich aus Fachwerk gefertigt wurde.

*In Kaiserswerth verlassen wir das Rheinufer nach links (**Wegepunkt ❹**) zum Kaiserswerther Markt, mit dem wir geradlinig den Ort durchqueren.*

Wir erreichen die ehemalige Reichsstadt Kaiserswerth. Ableiten lässt sich der Namensteil „Werth" von Insel – wir sind also auf der „Insel des Kaisers".

Doch die erste Besiedelung der Region ist noch viel länger her: Wenn wir am Zeppenheimer Weg genau hinsehen, entdecken wir den 1,7 m hohen **Kaiserswerther Menir**. Er steht wohl seit mehr als 2.000 Jahren hier und es heißt, die zum Tode Verurteilten wurden einst auf dem Weg in den Tod hier am Stein angestoßen.

Um 700 gründete ein Mönch namens Suitbertus auf heutigem Ortsgebiet ein Kloster, das die Gebäude eines Fronhofes direkt am Rhein nutzen konnte. Schon damals war der Hof bewehrt und in der Folge kamen weitere Befestigungsanlagen hinzu – eine echte 2 **Kaiserpfalz** entstand. Unter Barbarossa wurde um 1174 der Rheinzoll aus Holland hierher nach Kaiserswerth verlegt.

Ansehen müssen wir uns auch das **Alte Zollhaus**, das sich mit seinen geschwungenen Dachkonstruktionen direkt am Kaiserswerther Markt erhebt. Von hier ist es nicht weit zum **Suitbertus-Stifsplatz**, an dem sich weitere historische Fassaden und die **Kirche St. Suitbertus** in die Höhe recken.

Reisemobilstellplätze an oder nahe der Route

Freizeitdomizil Entenfangsee, Am Entenfang 7, Mülheim

E-Bike Ladestationen an oder nahe der Route

Brand´s Jupp, Kalkstraße 49, Duisburg-Wittlaer

Zwei auf einer Tour: Wasserschloss Heltrof…

*An der querenden Arnheimer Straße links (**Wegepunkt ❺**) und wenige Meter später rechts in die Kreuzbergstraße, die uns etwas kurvig zum Schloss Kalkum führt, an dem wir rechts vorbei fahren.*

Wunderschön erhebt sich die leuchtende Fassade von 3 **Schloss Kalkum** aus dem Wassergraben. Die Herren von Kalkum ließen sich hier einst in einem Rittersitz nieder, aus dem diese herrliche Anlage erwuchs.

Kaum auf den Rädern, heißt es schon wieder absteigen, denn wir kommen bei den „**Rheinland-Alpakas**" vorbei, wo wir einen Alpaka-Spaziergang unternehmen können.

*Hinter Schloss Kalkum bleiben wir auf der Oberdorfstraße, die hinter der Ampel Unterdorfstraße heißt. Via links Gerichtsschreiber- und scharflinks Kirchweg (**Wegepunkt ❻**) radeln wir durch weite Felder genau auf Schloss Heltorf zu.*

Mitten in einem englischen Landschaftsgarten präsentiert sich 4 **Schloss Heltorf**. Die Herren von Heldorp gönnten sich dieses Wasserschloss, das uns mit einer neugotischen Bibliothek und einem klassizistischen Herrenhaus begeistert.

*Von Schloss Heltorf rollen wir auf der Niederrhein-Route durch Duisburg-Rahm, lassen den Bahnhof links liegen und kurbeln rechts auf „Am Rahmer Bach" durch den Ort. An der Angermunder Straße rechts und kurz darauf links in die Fichtenstraße (**Wegepunkt ❼**).*

Angermund machte 1998 Schlagzeilen, als Archäologen Fundstücke zu Tage förderten, die nach vielen Untersuchungen auf die **Altsteinzeit** datiert werden konnten. Deutlich jünger ist die **Wasserburg** südlich des Ortskerns.

*Die Fichtenstraße mündet auf die Saarner Straße. Hier zweigen wir rechts und wenige 100 m später links in „Im Dickhorster Grund" (**Wegepunkt ❽**) ab. Am Wegedreieck rechts in „Im Wolfsgrund".*

Haubachsee, Wolfssee, Wildförstersee, Wambachsee, Masurensee, und Böllertsee: Diese ehemaligen Kieslöcher waren einst für den Bau von Wohnungen

und Autobahnen unersetzlich. Heute ist die **Sechs-See-Platte** ein beliebtes Naherholungsgebiet mit einem **Aussichtsturm**.

… und Wasserschloss Kalkum

*Am Ende unserer Erkundung der Seen erreichen wir nach links die Untere Masurenallee (**Wegepunkt** ❾), von der wir links „Am See", dann rechts „Zu den Eichen", rechts „Wedauer Straße" und an der Trinkhalle links in den Radweg einbiegen.*

Dann rollen wir direkt am Ufer der **Regattabahn** entlang. Rund herum dreht sich alles um den Sport: Es gibt die **Wasserskianlage** Wedau, den Sportpark, die Schauinsland-Arena, das Wedau-Stadion, aber auch etwas für uns zur Entspannung, zum Beispiel ein Strandbad und den **Wasserspielplatz** Wedau.

*Am Ende der Regattabahn rollen wir links in die Kruppstraße (**Wegepunkt** ❿), an deren Ende links in den Kalkweg, rechts in die Wacholderstraße, geradeaus in die Kulturstraße und dann rechts zurück zum Bahnhof Duisburg Hochfeld-Süd / Rheinpark, wo unsere Tour endet.*

Weitere Informationen über Sehenswertes in der Stadt finden Sie im **Ortsporträt Duisburg** (siehe S. 84).

Duisburg

Krimifans werden bei Duisburg bestimmt direkt an den berühmten „Tatort-Kommissar Horst Schimanski" denken: Der Schauspieler Götz George revolutionierte seinerzeit mit lässigem Outfit und markigen Sprüchen das ARD-Fernsehen zur besten Sendezeit.

Hinter dem Charakter des Ermittlers steckte aber eine ganze Menge Wahrheit, denn die Duisburger gelten – wie alle anderen Bewohner des Reviers – als „geradeaus", aber auch als „kantig" und „liebenswert".

Das mag daran liegen, dass Duisburg seit Jahrhunderten als Schmelztiegel der Menschen gilt: Die ideale Lage genau an der Mündung der Ruhr in den Rhein auf einer hochwassergeschützten Anhöhe sorgte dafür, dass sich hier schon ab 740 ein Königshof etablierte. Der historische Hellweg, eine wichtige Handelsroute des Mittelalters, begann auch an dieser Stelle und sorgte dafür, dass Handelsleute und Reisende hierher kamen und sich ein bedeutender Handelsplatz entwickeln konnte.

Das weckte natürlich Begehrlichkeiten: Im 9. Jh. fielen die Wikinger auch über Duisburg her und raubten alles, was sie mitnehmen konnten. Und so wurde der Königshof rasch als Königspfalz ausgebaut und mit Wehrmauern umgebenen. Gut geschützt konnte sich der Handel wieder entwickeln – beurkundet ist, dass Kaiser Barbarossa um 1173 höchstpersönlich mehrere Messen für feine Tuche erlaubte.

Nachdem verschiedene Grafen in Duisburg das Sagen hatten, erfolgte im 13. Jh. eine Verlagerung des Rheins mit dramatischen Folgen für die Stadt, die für lange Zeit in der wirtschaftlichen Bedeutungslosigkeit versank.

Das änderte sich schlagartig mit der industriellen Revolution. Im Revier wurden Eisen und Stahl erzeugt, Steinkohle aus dem Boden zu Tage gefördert und das

Duisburgs Gesichter: Topmodern am Innenhafen...

Wasser von Rhein und Ruhr war nicht nur wieder einfacher erreichbar, sondern auch von größter Bedeutung. Zu dieser Zeit entstanden riesige Produktionsbetriebe, die bis heute das Bild von Duisburg prägen.

Einige der Anlagen produzieren weiterhin Stahl und weitere Wirtschaftsgüter. Viele Industriegelände wurden zu lebendigen Museen. Der **Landschaftspark Duisburg-Nord** ist dafür das beste Beispiel: Die Natur holt sich Teile des Geländes zurück, was eine ganz besondere Szenerie verspricht. Schwindelfreie gehen Klettern oder steigen einfach über Treppen auf die hohen Anlagen, andere begnügen sich mit der Einkehr in die Gastronomie und wieder andere lauschen Konzerten in einmaliger Kulisse.

Als einer der wichtigsten Industriestandorte im Dritten Reich war Duisburg leider auch eines der Hauptziele alliierter Bombenangriffe, was zu großen, vielfach irreparablen Schäden und einem aufwändigen Wideraufbau führte.

Wieder aufgebaut wurde auch der schon immer sehr bedeutende **Duisburger Hafen**, der auch in der heutigen Zeit stetig sein Gesicht verändert. Inzwischen gilt er als größter Binnenhafen der Welt! Die lange Geschichte als internationaler Logistikstandort wird sich auch in der Zukunft erhalten, denn in Duisburg endet die „neue chinesische Seidenstraße". Jede Woche fahren hier bis zu 60 Züge des Trans-Eurasia-Express ein und bringen Waren in die Mitte der EU.

...und geschichtsträchtig am Landschaftspark

Es bietet sich für uns also an, die Erkundung von Duisburg im Hafen zu beginnen. Dafür steigen wir auf eines der Ausflugsschiffe und lassen uns durch das Labyrinth unzähliger Becken, Kaimauern, Brücken, Kräne, usw. schippern. Dabei sind wir beeindruckt von den Warenmengen, die rund um die Uhr von den Schiffen an Land gebracht und wieder neu verladen werden. Fotomotive gibt es dabei reichlich – so auch die imposante **Schwanentorbrücke**, die auf 5,50 m Höhe den

Ruhrort gibt sich fast schon dörflich

Der außergewöhnliche Turm der Salvatorkirche überragt das Rathaus

Innenhafen überquert. Wenn wir Glück haben, kommt gerade ein hohes Schiff, so dass wir die Hubbrücke mit ihren vier großen Türmen auch in Aktion sehen können.

Zum Pflichtprogramm schließt sich an eine Hafenrundfahrt der Besuch des **Museums der Deutschen Binnenschifffahrt** an. Wir finden es im Gebäude eines einstigen Jugendstil-Hallenbades am Ruhrorter Hafen. Im Innern entdecken wir alte Holzfässer, Taucher, viele Modelle und ein ganzes Schiff. Vor dem Gebäude ankern noch zwei historische Dampfschiffe, die auch zum Museum gehörten.

Duisburg bedeckt eine sehr große Fläche, die sich nicht nur beiderseits der Ruhr, sondern auch beiderseits des Rheins erstreckt. Die 7 Bezirke untergliedern sich in 46 Stadtteile, von denen jeder seinen ganz eigenen Charme hat. In **Ruhrort** werden wir beispielsweise von kleinen alten Fischerhäusern verzaubert, wo wir schon fast darauf warten, dass Schimanski im die Ecke kommt. Die schöne **Nederlandse Kerk** in Ruhrort nutzen vor allem die Binnenschiffer, um Beistand für ihre Reise zu erbitten.

Einen Teil der anderen Viertel werden wir bei unseren Touren hautnah kennenlernen. Dabei entdecken wir bei genauem Hinsehen noch einige Reste der alten Stadtmauer. Auffälliger ist das **Duisburger Rathaus**. Es steht genau an dem Platz, wo sich einst der oben erwähnte Königshof befand. Schon 1361 wurde hier das erste Rathaus erbaut, das später mehrfach ersetzt wurde. Vor dem Rathaus plätschert der Mercatorbrunnen auf dem Burgplatz.

Dieser wird deutlich weniger kontrovers diskutiert, wie der sogenannte **„Lebensretter-Brunnen"**. Das farbenfrohe Werk stammt von der Künstlerin Niki Saint Phalle, deren Gatte sich für den Bau des drehenden Sockels verantwortlich zeichnete. Für die Sockel wurden Schrottteile verwendet – für viele Duisburger ist das sinnbildlich für die desaströsen Finanzen der Stadt – es drängte sich also fast schon auf, dass man die Skulptur als „Pleitegeier" taufte.

Kirchenfreunden fällt schnell auf, dass es sehr viele evangelische Gotteshäuser in Duisburg gibt. Der Grund liegt sehr lang zurück: Schon im Jahre 1543 legte der Stadtrat fest, dass nur diese Religion gelebt werden sollte. Das Abendmahl mit Brot und Wein sollte aber beide Religionen umfassen. Zu dieser Zeit stand bereits ein Teil der **Salvatorkirche**, die sich mit ihrem außer-

Moderne Kunst in der historischen Küppersmühle

gewöhnlichen Turm in direkter Nähe zum Rathaus in die Höhe reckt. Die erste Kirche stand an dieser Stelle bereits im 9. Jh., die im 13. Jh. niederbrannte. So gab es an selber Stelle ab 1445 einen „Neubau", aus dem das heute zu sehende Gebäude erwuchs.

Museumsfreunde kommen in Duisburg voll auf ihre Kosten, denn es gibt reichlich Auswahl: Moderne Kunst erleben wir im **Museum Küppersmühle**, das in einem tollen alten Getreidespeicher am Innenhafen untergebracht ist. Frische und junge Künstler werden im **Ortsteil Beek** präsentiert. Hier werden die Gebäude der **Königs-Brauerei** genutzt. Dies ist vielleicht genau der richtige Ort, um das regional sehr beliebte „KöPi", Königs-Pils, einmal zu testen.

Wem das alles zu „künstlerisch" ist, besucht das **Kultur- und Stadthistorische Museum**, das seine Besucher am Innenhafen mit der sogenannten **Mercator-Schatzkammer** lockt. Gewidmet ist es dem vermutlich berühmtesten Sohn Duisburgs, Gerhard Mercator. Er hat sich weltweit einen Namen als Kartograf und Mathematiker gemacht.

Nach den vielen Eindrücken wird es Zeit für etwas Natur, die wir natürlich auch in Duisburg finden. Ein sehr beliebtes Naherholungsgebiet ist die **Sechs-Seen-Platte**, wo die weite Wasserlandschaft von viel Wald eingerahmt wird.

Die 6-Seen-Platte ist DAS Naherholungsgebiet Duisburgs

Mehr Zeit brauchen wir für den **Duisburger Zoo**, an dem wir bei einer Tour direkt entlang radeln und dabei einen guten Eindruck von den Dimensionen erhalten. Als Tierpark wurde der Zoo im Jahre 1934 gegründet und wurde zur Heimat teils seltener Tierarten. Rund 9.000 Tiere aus mehr als 400 Arten warten darauf, dass wir sie bei ihrem Tagesablauf beobachten.

Kettwig ist zurecht ein beliebtes Ausflugsziel

Tour 12

Länge 36 km

RADSCHNELLWEGRUHR – DER „RUHRSCHLEICHWEG" IST GESCHICHTE!

Rundtour von Mühlheim über Frohnhausen und Werden

Wie sich die Zeiten doch ändern: Bei der Eröffnung war die A40 so modern, dass man sie „Ruhrschnellweg" nannte. Inzwischen führte das hohe Verkehrsaufkommen zur Bezeichnung „Ruhrschleichweg". Ganz anders soll es bei dem „RadSchnellwegRuhr" werden, den wir unter den Pneus haben. Er wird auto- und kreuzungsfrei durch das ganze Ruhrgebiet verlaufen!

Was erwartet mich?

36 km, im ersten Drittel einige kleinere Steigungen, dann eine weitgehend ebene Tour auf einem Mix von Straßen, asphaltierten Wirtschaftswegen, naturbelassenen Wegen und Pfaden – zum Teil beschildert mit Knotenpunkten sowie als RadSchnellweg RS1 und Ruhrtal-Radweg.

Wie komm ich hin?

ÖPNV: Hauptbahnhof Mülheim a.d.R.

Mit dem Auto: Parkplatz Hauptbahnhof Mühlheim a.d.R., Parallelstraße, Mülheim a.d.R.

Was muss ich sehen?

1 Gartenstadt Margarethenhöhe
2 Altstadt Kettwig
3 Schloss Hugenpoet
4 Wasserbahnhof mit Haus Ruhrnatur

Wo tank ich auf?

Zur Kluse, An der Kluse 27B, Essen

Löffelöhrchen Familiencafé, Brückstraße 1, Essen-Werden

Eiscafé Al Ponte, Am Mühlengraben 3, Essen-Kettwig

Gasthaus Alte Fähre, Zur Alten Fähre 45, Essen-Kettwig

Café Plati, Auf dem Dudel 24, Mülheim a.d.R.

Kartentipp: **ADFC Regionalkarte radrevier.ruhr West**

TOURSTART

*Wir starten am Hauptbahnhof von Mülheim an der Ruhr, den wir über die Straße hinweg verlassen, um schräg links hinauf auf den Radweg RS1 zu gelangen (**Knotenpunkt** ❷). Dort fahren wir links und mit einer leichten Steigung an den Schienen entlang. Am **Knotenpunkt** ❶ zweigen wir rechts ab und kurbeln mit weiterem Anstieg an Frohnhausen sowie an Holsterhausen vorbei.*

Margarethe Krupp plante diese „Gartenstadt"

Ein Abstecher führt zur **1 Gartenstadt Margarethenhöhe**. Ab 1906 entstand die von Margarethe Krupp geplante „Werkssiedlung für menschenfreundliches Wohnen". Seinerzeit wurden mehr als 900 Wohnungen erbaut. Mal mit prachtvollen Arkaden versehen, mal als harmonische Reihenhäuser, mal mit Efeu bewachsen, präsentieren sich die unter Denkmalschutz stehenden Gebäude.

Auch hinter der Gruga bleiben wir auf der Radtrasse, die hier „Grugaweg" heißt.

Der **„Gruga-Park"** wurde 1929 als „Große Ruhrländische Gartenbau-Ausstellung" angelegt. Aufgrund der Nähe zu den Rüstungsbetrieben wurde der Gruga-Park im Bombenhagel des Krieges dem Erdboden gleich gemacht. Nach Kriegsende machte man sich rasch an den Wideraufbau, so dass 1952 eine neue Ausstellung und 1965 die Bundesgartenschau hier stattfinden konnten. Heute finden wir auf 700.000 qm weitläufige Parks, eine blumenreiche Farbenpracht, bunte Vögel in Volieren, einen Ponyhof, ein Dammwildgehege, den zentralen Grugaturm und vieles mehr. Direkt angeschlossen sind die **Grugahalle** mit 10.000 Sitzplätzen und das weitläufige Messegelände, in der es gelegentlich auch Ausstellungen für uns Radler gibt.

Nachdem wir die A52 überquert haben, zweigen wir hinter der Brücke rechts ab, rollen im Bogen hinunter zur Wittenbergstraße und folgen dieser (nach einer Schleife nach rechts, um die Straße zu überqueren) mit einer letzten, aber deutlichen Steigung nach links.

Wir rollen auf dem Radweg entlang einer vierspurigen Straße. Um dem Antlitz der Straße mehr Charme und den Insekten ein Refugium zu schaffen, wurde auf dem Mittelstreifen eine **„Biozone"** eingerichtet.

An der großen, etwas unübersichtlichen Kreuzung radeln wir erst geradeaus, dann links in die Lerchenstraße hinein, deren Radweg uns entspannt bergab zum Baldeneysee führt.

Die Luft wird besser – rechterhand erstreckt sich der **Stadtwald** mit Mondscheinwiese. Einst gab es hier große landwirtschaftliche Flächen, die zur Ernährung der Essener Bürger beitrugen.

*Unten können wir bei den großen Parkplätzen nach links schwenken und ab **Knoten** 52 auf dem Radweg weiterradeln, bis wir an dem Wehr über die Ruhr hinweg rollen.*

Die Attraktionen des Baldeneysees heben wir uns bis zur nächsten Radtour auf (s. Tour 13).

*Auf dem anderen Ufer biegen wir rechts ab und folgen ab hier den Schildern des Ruhrtal-Radwegs. Am **Knoten** 83 fahren wir zunächst unter der Brücke hindurch, um anschließend in einer Linksschleife oben auf der Brücke über die Ruhr zu fahren und am anderen Ufer dem Ruhrtal-Radweg weiter nach links zu folgen.*

Essen-Werden war bis 1929 durch seine 1317 erworbenen Stadtrechte selbständig, wurde dann Essen zugeordnet. Missionar Liudger gründete an dieser Stelle 794 eine **Benediktinerabtei**. Noch heute bewacht die **Abteikirche St. Ludgerus** die schöne kleine Altstadt. Die Sakristei beherbergt einen **„Abteischatz"**: Reisekelch, Tragaltar, Gürtel und Pontifikalhandschuh des heiligen Liudger sind hier ebenso zu sehen wie andere Reliquien. Die ehemalige abteiliche Residenz aus dem 18. Jhd. wurde zum Sitz der Folkwang-Hochschule. Die Grafenstraße ist mit seinen **Fachwerkgebäuden** das Aushängeschild des Ortes.

Nach entspannten Minuten erreichen wir Kettwig.

Wir rollen auf dem historischen **Leinpfad**, was das unkomfortable Kopfsteinpflaster erklärt. Links

Reisemobilstellplätze an oder nahe der Route

Wohnmobilstellplatz Mülheim-Saarn,
Mintarder Straße,
Mülheim a.d.R.

taucht Schleuse 7 auf, die auch **Papiermühlenschleuse** genannt wird.

Kettwig empfängt uns mit dem gleichnamigen **See**, dem kleinsten und westlichsten Ruhrstausee mit einem Speicherraum von 1,4 Mio. cbm.

Der Ort selbst ist mit 15,3 qkm der flächenmäßig größte Essener Stadtteil. Erstmalige Erwähnung fand eine Ruhrbrücke an dieser Stelle im Jahre 1282, heute die herrliche 2 **Altstadt von Kettwig** – kleine verwinkelte Gassen und Treppchen führen durch das Gewirr der **Fachwerkhäuser** hinauf zur **Marktkirche** mit ihrem Turm aus dem 14. Jhd.

Kettwig verlassen wir über die Ruhrbrücke, um am ***Knotenpunkt*** *55 rechts abzubiegen. Die Schilder des Ruhrtal-Radwegs weisen uns den Weg durch Mintard und unter der Autobahnbrücke her zum Kloster Saarn.*

Das Element Wasser: Einmal am Schloss Hugenpoet...

Unweit des weiteren Radweges liegt das von Wassergräben umgebene 3 **Schloss Hugenpoet**. 778 gab es an dieser Stelle ein Königsgut, das später zur Abtei Werden gehörte. Ritter Vlecke von Hugenpoet wurde 1314 Lehnsherr der Anlage, die zur Beherrschung der Ruhrbrücke von Kettwig diente. Als Bauherr für die Vorburg verewigte sich Konstantin Erasmus von Nesselrode zu Hugenpoet, dessen Wappen den Torbogen ziert.

Beiderseits der Mintarder Dorfstraße finden wir alte **Fachwerkhäuser** und die **St. Laurentiuskirche**, die 873 erstmals erwähnt wurde – sie ist damit eine der ältesten Kirchen im Rheinland.

Die **Mintarder Brücke** über unseren Köpfen überspannt seit 1966 das Ruhrtal. Mit 1.830 m ist sie die

längste deutsche Stahl-Straßenbrücke.

Auch am Wegesrand liegt das ehemalige **Zisterzienserinnenkloster Saarn** aus dem 13. Jhd. 1729-1783 erfolgte ein weitreichender Umbau im barocken Stil. Die spätromanische Kirche St. Mariä Himmelfahrt wurde 1895 erweitert.

Hinter dem Kloster Saarn kehren wir auf den Ruhrtal-Radweg zurück, der uns nach Mülheim zum MüGa-Gelände geleitet.

Ein kleiner Abstecher bringt uns zum 4 **Wasserbahnhof**, wo die Personenschifffahrt auf der Ruhr endet. Im **Haus Ruhrnatur** gibt es an 21 Stationen etwas über die Flora und Fauna an der Ruhr zu entdecken. Das Leder- und Gerbermuseum, in dem der Besucher anfassen, fühlen und riechen darf, verweist auf die Vergangenheit Mülheims als Leder- und Textilstandort, der u.a. von der nahe gelegenen historischen **Lederfabrik Lindgens** geprägt wurde.

... einmal am Wasserbahnhof Mülheim

*Am MüGa-Gelände, biegen wir am **Knoten** 3 links ab und zirkeln um die Parkplätze herum, so dass wir nach oben auf den RadSchnellwegRuhr RS1 gelangen. Nun müssen wir nur noch über die Ruhr hinweg radeln, um am **Knoten** 2 den Radweg nach links zu verlassen und den Hauptbahnhof Mülheim a.d.R. zu erreichen, wo die Tour endet.*

Das Gelände der **Mühlheimer Gartenschau** kündigt das Ende unserer Tour an – von unserer Brücke aus haben wir einen schönen Blick über das weite Grün.

Weitere Informationen über Sehenswertes in der Stadt finden Sie in den **Ortsporträts Mülheim an der Ruhr** (siehe S. 94) und **Essen** (siehe S. 68).

E-Bike Ladestationen an oder nahe der Route

Ladestation am RS1,
Nähe Rathaus,
Mülheim an der Ruhr

Gruga-Orangerie,
Eingang zur Gruga,
Essen-Rüttenscheid

Hotel Knappmann,
Ringstraße, Essen-Kettwig

MÜLHEIM

Herzlich Willkommen im Bergischen Land! Naja, wohl kaum jemand wurde Mülheim an der Ruhr dem Bergischen Land zuordnen. Und doch gehörte die Region mit Werden und Kettwig zu den Ländereien des Herzogtums von Berg.

Den größten Einfluss auf die Stadtgeschichte nahmen aber die Herren von Broich, die ab dem Ende des 9. Jh. hier das Sagen hatten und sich mit dem gleichnamigen Schloss einen schönen Familiensitz gönnten.

Auch die Kirche trug sich entscheidend in die Geschichtsbücher ein: Um 1200 herum gegründete man in Saarn ein Zisterzienserinnenkloster, zu dem seinerzeit aber nur wenig dokumentiert wurde. Das wurde anders, als sich der Kölner Erzbischof Engelbert I. einschaltete. Er wollte die Macht der Grafen von Berg einschränken und schenkte den Nonnen große Ländereien. **Kloster Saarn** liegt zwar etwas außerhalb der City, bei unserer Radtour werden wir aber direkt daran vorbei radeln. Ein längerer Stopp lohnt sich, denn die meisten Teile sind bestens erhalten bzw. restauriert. Es erwartet uns ein spannender Stilmix: Während sich die Westfassade strahlend weiß präsentiert, wurden einige Klostergebäude aus rotem Backstein und die Klosterkirche aus Bruchsteinen gefertigt. Besuchen müssen wir auf jeden Fall das **Klostermuseum**, in dem uns mit vielen Exponaten die lange und wechselvolle Geschichte des Klosters näher gebracht wird. Auch dem Kräutergarten sollten wir uns widmen, bevor es zur Rast ins Café geht.

Mülheim profitiert bis heute von seiner guten Lage an der Ruhr und wichtigen Verkehrsadern. Schon früh wurde durch regen Handel Geld in die Kassen gespült und auch die Lederindustrie fand hier ideale Bedingungen – schließlich braucht man zum Gerben viel Wasser!

Die Industrialisierung begann in Mülheim im Jahre 1791 durch Johann Caspar Troost, der später im Luisen-

Schloss Broich fällt auf!

Bild links:
Der Synagogenplatz von Mülheim mit dem Hajek-Brunnen

tal eine Spinnerei aufbaute. Zur besten Zeit arbeiteten etwa 1.200 Beschäftigte in der Textilfabrik.

Später boomten die Stahlindustrie und der Steinkohle-Bergbau: 1849 begann die Stahlherstellung in der Friedrich-Wilhelms-Hütte und 12 Jahre später wurden erstmalig im Revier Briketts gepresst. Der Rohstoff dafür kam aus fünf großen Schächten, die aus zahlreichen kleinen Bergwerken vereinigt wurden.

Es war ein Jahrhundert des Aufbruchs: Ein gewisser August Thyssen kaufte 1871 den Heckhoffshof in Mülheim-Styrum. Daraus entstand der Konzern Thyssen & Co., der bis heute eine feste Größe im Bereich der weltweit agierenden Unternehmen ist.

Was eine Zeit lang für viele neue Bürger und noch mehr Finanzkraft sorgte, wurde in der Stahlkrise zum Verhängnis. Inzwischen wurden neue Branchen in Mülheim angesiedelt, was die Stadt wieder zu einem guten Wirtschaftsstandort machte. Übrigens: Wenn Sie auf der Suche nach einem rollenden Feriendomizil sind: In Mülheim gibt es besonders viele Händler für Caravans und Wohnmobile.

Nun aber auf zur Stadtbesichtigung, die wir am **Schloss Broich** beginnen, weil hier auch die Stadtgeschichte anfing. In aussichtreicher Lage über der Ruhr – natürlich an einer Furt – entstand schon in der Karolingerzeit die erste Wehranlage. Sie gilt als einer der besten ihrer Art diesseits der Alpen. Der Grund für die Errichtung lag auf der Hand: 883 trieben die Wikinger hier in der Region ihre Raubzüge, so dass man sich künftig vor Eindringlingen schützen wollte. Hinter den

Die Straßenbahn fährt „durch´s" Mülheimer Rathaus

wuchtigen, ovalen Ringmauern erhebt sich das Schloss mit seinen zwei Etagen, das zunächst als Burg entstand. Als diese lange leer stand und verfiel, widmeten sich die Herren von Broich der Anlage, befestigten sie noch weiter und ließen sich ein nettes Eigenheim darin erbauen. Heute werden die vielen Räume für Repräsentative Anlässe wie Trauungen oder Empfänge genutzt. Die großen Freiflächen um das Schloss sind der ideale Schauplatz für Festivals und Märkte.

Unterhalb des Schlosses befindet sich die grüne Lunge der Stadt direkt am Ufer der Ruhr: Im Jahr 1992 fand hier die Landesgartenschau statt, die heute als **„MüGa-Park"**, Mülheimer Gartenschau, ein beliebtes Ziel für müde Städter ist. Auf 66 ha. wurden damals alte Industrieanlagen abgetragen, um Themengärten zu schaffen. Erhalten wurden der ehemalige **Ringlokschuppen** und der **Wasserturm**. Hier finden wir eine „camera obscura", wo nur durch ein kleines Loch Licht in einen Raum fällt und uns außergewöhnliche visuelle Effekte beschert.

Im Aquarius erfahren wir alles über´s Wasser

Über die **Schlossbrücke** erreichen wir die Innenstadt von Mülheim. Hier plätschert am **Synagogenplatz** der farbenfrohe **Hajek-Brunnen**, während sich hinter ihm das filigran gearbeitete Gebäude des **Mülheimer Kunstmuseums** erhebt. Der Mülheimer Robert Rheinen war bis zu seinem Tod im Jahr 1920 ein begeisterter Kunstsammler und Heimatforscher. Er sorgte dafür, dass hier in Mülheim ein Museum für zeitgenössische Kunst und klassische Moderne entstand. Unsere Augen erfreuen sich an edlen Werken von Paul Klee, Wassily Kandinsky, Max Ernst August Macke und anderen Größen der Kunst.

Etwas außerhalb der Innenstadt liegt der großartige **Wasserbahnhof**. In perfekter Lage auf einer Schleuseninsel wurde 1927 eine „Trinkhalle" errichtet. Hier sollten sich die Passagiere der **Weißen Flotte**, die

Blumenkunst am Wasserbahnhof

hier anlegt, stärken können. Die Idee kam so gut an, dass das Gebäude mehrfach erweitert werden musste. Nach dem Krieg nutzte die englische Armee den Wasserbahnhof für vier Jahre als Casino, bevor wieder ein Restaurant einzog. Ein besonders schönes Fotomotiv bietet uns die prachtvolle **Blumenuhr** vor dem Gebäude.

Ebenfalls abseits der City steht **Gut Raffelberg**, das auf eine lange Historie zurückblickt: Eine Urkunde von 1486 belegt, dass den Eheleuten Diderich up dem Grimberge und Elsken nicht nur Haus und Hof, sondern gleich der ganze Raffelberg verpachtet wird. Erst viel später, im Jahre 1855, wurde eine 26° warme Solequelle entdeckt, als man eigentlich nach Kohle suchte. Es entstand ein Bad, das sich vor allem bei den Zechenarbeitern großer Beliebtheit erfreute. Nachdem 1973 die nahegelegene Zeche geschlossen wurde, fehlte auch die Sole zum Betrieb der Badeanstalt. Das kostspielige Herankarren von Sole mit LKW rechnete sich nicht, so dass das Bad 1992 endgültig schloss. Doch es gibt bereits seit 1981 eine neue Nutzung: Der alte Kursaal wurde zum **Theater an der Ruhr** und in anderen Gebäudeteilen sind Gewerbebetriebe untergebracht.

Die ehemalige Krupp-Villa liegt hoch über dem Baldeneysee

Tour 13

Länge 39 km

KRUPPS „HÄUSCHEN"

Rundtour von Essen über Kupferdreh und Werden

Auf dieser Rundtour werden wir mehrfach an das Wirken der Industriellen-Dynastie Krupp erinnert, Im besonderen Maße natürlich, wenn wir die Villa Hügel erkunden, die einst von Alfred Krupp persönlich gestaltet wurde. Unsere Elektromotoren kommen auf dem Weg dorthin und auf dem Rückweg zu Ehren, denn es geht teils ordentlich bergauf.

Was erwartet mich?

39 km, im ersten und letzten Drittel jeweils merkliche Steigungen, dann eine weitgehend ebene Tour auf einem Mix von Straßen, asphaltierten Wirtschaftswegen, naturbelassenen Wegen und Pfaden – zum Teil beschildert mit Knotenpunkten sowie als RadSchnellweg RS1 und Ruhrtal-Radweg.

Wie komm ich hin?

ÖPNV: Bahnhof Essen-Frohnhausen

Mit dem Auto: P+R Essen-Frohnhausen, Onckenstraße 67, Essen-Frohnhausen

Was muss ich sehen?

1 **Naturschutzgebiet Heisinger Ruhraue**
2 **Baldeneysee**
3 **Haus Scheppen**
4 **Villa Hügel**

Wo tank ich auf?

LUKAS-Kulinarischer Bahnhof Essen, Prinz-Friedrich-Platz 1, Essen-Kuperdreh

Haus Scheppen, Hardenbergufer 380, Essen (Baldeneysee)

Löffelöhrchen Familiencafé, Brückstraße 1, Essen-Werden

Südtiroler Stuben, Freiherr-vom-Stein-Straße 280A, Essen (Baldeneysee)

Zur Kluse, An der Kluse 27B, Essen

Kartentipp: **ADFC Regionalkarte radrevier.ruhr West**

TOURSTART

Wir starten am Bahnhof Essen-Frohnhausen, den wir nach rechts auf der Nöggerathstraße unter den Bahnschienen hindurch verlassen. Über die große Kreuzung rollen wir weiter auf der Nöggerathstraße geradeaus.

Der Essener Ortsteil Frohnhausen verzeichnete einen starken Zuwachs der Bevölkerung, als zunächst die ersten Zechen und später eine **Gussstahlfabrik** von Krupp eröffnet wurden.

Bei den Tennisplätzen zweigen wir links ab in die Herbrüggenstraße, mit der wir bei der zweiten Brücke den Radschnellweg unterqueren. Hinter der Unterführung links, dann auf den Radschnellweg, dem wir weiter in Fahrtrichtung folgen. Am ***Knotenpunkt*** *56 radeln wir geradeaus, wenig später bei* ***Knoten*** *1 zweigen wir rechts ab.*

Stabeisen wurde im Halbachhammer gefertigt

Auf der rechten Seite unserer Radtrasse liegt der **„Halbachhammer"**. Das herrliche Fachwerkgebäude geht auf die 1417 erstmals erwähnte Fickynhütte zurück, in der unter anderem Stabeisen gefertigt wurde.

Der bestens ausgebaute, aber merklich ansteigende Radweg geleitet uns vorbei an der Gruga. Dann unterqueren wir die B224 und überqueren die A52, um mit einer entspannten Abfahrt hinunter zur Ruhr zu gelangen. Am ***Knotenpunkt*** *51 biegen wir rechts ab auf den Ruhrtal-Radweg.*

In Essen-Rüttenscheid gab es einst eine Siedlung für verdiente Krupp-Mitarbeitende. Ab 1901 wurden hier die sogenannten **„Pfründnerhäuser"** mit feinstem Fachwerk erbaut, in dem die „Kruppianer" eine Unterkunft fanden. Gegessen wurde zusammen, denn jeder hatte hier nur ein Zimmer.

Der Ruhrtal-Radweg verläuft durch ein Naturschutzgebiet, verlässt das Flussufer, unterquert die A44 und gesellt sich neben die Wuppertaler Straße.

Wir rollen durch das 1 **Naturschutzgebiet Heisinger Ruhraue** mit Vogelinsel und einem Naturlehrpfad. Ansehen müssen wir uns auch das ehemalige Rittergut **Haus Heisingen**, das im 18. Jh. zum Sommersitz der Äbte aus Werden umgestaltet wurde.

In der Nähe der Kampmannbrücke erhebt sich die **„Geologische Wand"**. Der ehemalige Steinbruch gewährt uns hier einen einmaligen Einblick in 50.000 Jahre Erdgeschichte.

Der Ruhrtal-Radweg bringt uns zum ***Knoten*** *53, wo es links und auf dem anderen Ufer bei* ***Knotenpunkt*** *54 in einer Linksschleife zum Ufer und dort links weitergeht.*

Wir haben Einblick in 50.000 Jahre Erdgeschichte

Bei Essen-Kupferdreh vollzieht die Ruhr eine Wende um fast 180 Grad. Diese „Drehung" stellte eine große Gefahr für die Schiffe dar, so dass sie am Ufer mit einem Reisig-Geflecht vor einem harten Aufprall geschützt wurden. Um 1870 gab es hier zudem einen Lagerplatz für den Kupferhammer. Die Anwohner gaben der „Gefährlichen Drehung" der Ruhr daher einfach den Namen „Kupferdrehe", oder wie man hier sagt: „Kopperdreihe".

Im Jahre 1897 wurde der Bahnhof Essen-Kupferdreh gebaut. Heute ist er Ausgangspunkt für den Museumszug der **„Hespertalbahn"**. Diese geht auf eine Schmalspurbahn mit Pferdebetrieb zurück, die 1918 stillgelegt wurde. 1877 erfolgte der Umbau zur Normalspurbahn. Auch die **Zeche Pörtingsiepen** wurde mit einem Gleisanschluss versehen. Mit deren Stilllegung wurde 1974 auch das Ende der Hespertalbahn eingeläutet. Eisenbahnfreunde haben es sich zur Aufgabe gemacht, die Strecke zu erhalten und als Museumsbahn zu betreiben.

Das vielleicht schönste Teilstück der Radrunde führt direkt am Südufer des Baldeneysees entlang.

Willkommen am „Lago di Baldolino" oder am „Lago Baldini", wie der 2 **Baldeneysee** gerne genannt wird. Den Namen bekam er vom Schloss Baldeney. 10 km lang und bis zu 700 m breit ist der 1929 bis 1932 von Arbeitslosen angelegte Stausee. Hier können wir unsere Tour

Reisemobilstellplätze an oder nahe der Route
Wohnmobilstellplatz Essen, Baedekerstraße 5, Essen

E-Bike Ladestationen an oder nahe der Route
Gruga-Orangerie, Eingang zur Gruga, Essen-Rüttenscheid

auch ein Stück auf dem Wasser mit der **„Weißen Flotte"** fortsetzen.

3 **Haus Scheppen** entstand ab dem 13. Jh. als Lehnhof der Abtei Werden. Der damals befestigte Hof erhielt seinen Namen von den Lehnsnehmern, den Herren von Scheppen. Die Wassergräben sind ein Relikt der Neuzeit – sie entstanden 1936 bei der Aufstauung des Sees. Zu dieser Zeit diente das Gebäude als Unterkunft der Bergleute, die in der Zeche Pörtingsiepen „malochten". Heute ist Haus Scheppen ein beliebter Treff für Biker. Motorrad- und Fahrradfahrer schätzen die tolle Lage mit Einkehrmöglichkeit.

Das Stauwehr des Baldeneysees nutzen wir, um wieder auf die andere Seite der Ruhr zu gelangen. Hinter dem Wehr ein Stück geradeaus, dann rechts.

Links von uns liegt das Ortszentrum von Werden, das wir uns bereits in der Tour 12 angesehen haben.

*Vor dem großen Parkplatz fahren wir bei **Knoten** 52 links und auf dem Radweg entlang der Freiherr-vom Stein-Straße rechts. Dann geht es deutlich bergauf.*

Majestätisch über dem See thront die 4 **Villa Hügel**, ein Schloss des Großindustriellen Alfred Krupp, der das Haus selbst in einem klassizistischen Stil entwarf. Im Innern können wir die Wohnräume der Familie, den **Gartensaal** mit wertvollen Wandteppichen, das Treppenhaus mit Gobelins von 1670 und weitere Kunstgegenstände bewundern. Die **historische Sammlung Krupp** bringt uns die Familiengeschichte näher. Alfried löste 1943 Vater Alfred von der Konzernspitze ab und gründete 1968 die von Bohlen und Halbach-Stiftung. Sie dient ausschließlich gemeinnützigen Zwecken, wie der Förderung von Erziehungs- und Gesundheitswesen, Wissenschaft, Literatur und Kunst.

Achtung: Die Freiherr-vom-Stein-Straße biegt rechts ab. Wir halten uns aber links und folgen einem parallelen Weg zur Lerchenstraße teils kräftig nach oben – diese führen in Baldeney wieder zusammen. Am Ende der Lerchenstraße zweigen wir auf der Heisinger Straße nach links ab und überqueren die große Kreuzung geradeaus auf der Wittenbergstraße.

Am Baldeneysee gibt es auch sehr ruhige Ecken

Rechts von uns liegt die ab 1893 erbaute **Siedlung Altenhof**. Hier konnten alleinstehende, alte und erkrankte ehemalige Krupp-Mitarbeitende kostenlos wohnen – zwei Statuen von Gießereiarbeitern bringen plastisch zum Ausdruck, von wem diese Wohnungen vorwiegend genutzt wurden.

Unmittelbar vor der schwungvoll konstruierten Rad-Brücke verlassen wir die Wittenbergstraße nach rechts, treffen wieder auf unseren Radschnellweg und folgen diesem nach links.

Eine weitere Errungenschaft aus der industriellen Vergangenheit finden wir in Essen-Rüttenscheid: Das **Krupp-Krankenhaus** entstand seinerzeit in direkter Nähe zur Gussstahlfabrik.

*Es geht auf dem Hinweg wieder retour: Unsere Radtrasse tangiert die Gruga, dann biegen wir bei **Knoten** 1 rechts ab und verlassen den Radschnellweg hinter **Knoten** 56. Via rechts Herbrüggenstraße und rechts Nöggerathstraße erreichen wir wieder den Bahnhof Frohnhausen, wo die Runde endet.*

Weitere Informationen über Sehenswertes in der Stadt finden Sie im **Ortsporträt Essen** (siehe S. 68).

Ruhig und wunderschön: Das Angerbachtal

Tour 14 Länge 35 km

DURCH DIE GESCHÜTZTE NATUR DES ANGERTALS

Streckentour von Mülheim a.d.R. über Kettwig nach Ratingen

Nachdem wir rund 13 km entspannt an der Ruhr geradelt sind, heißt es „E-Motor auf volle Stufe", denn es geht um rund 140 Hm bergauf. Als Entschädigung kurbeln wir über die perfekt ausgebaute Trasse des Panoramawegs Niederbergbahn. Danach rollen wir durch das idyllische Angertal nach Ratingen und verlassen damit das Ruhrgebiet Richtung Rheinland.

Was erwartet mich?

35 km, in der Mitte der Tour eine kräftige Steigung, dann eine weitgehend ebene Tour auf einem Mix von Straßen, asphaltierten Wirtschaftswegen, naturbelassenen Wegen und Pfaden – zum Teil beschildert mit Knotenpunkten sowie als RadSchnellweg RS1, Ruhrtal-Radweg, Panorama-Radweg Niederbergbahn und Euroga-Radweg.

Wie komm ich hin?

ÖPNV: Start: Hauptbahnhof Mülheim a.d.R.
Ziel: Bahnhof Ratingen-Ost
Mit dem Auto: Parkplatz Hauptbahnhof Mühlheim a.d.R., Parallelstraße, Mülheim a.d.R.

Was muss ich sehen?

1. Waggonbrücke Heiligenhaus
2. Angertal
3. Auermühle
4. Stadtbefestigung Ratingen

Wo tank ich auf?

Gasthaus Alte Fähre, ,Zur Alten Fähre 45, Essen-Kettwig
Bäckerei und Konditorei Bolten, Hauptstraße 158, Heiligenhaus
Trattoria del Sole, Ernst-Stinshoff-Straße 50, Ratingen (Angerbachtal)
Liebevoll! In der Auermühle, Auermühle 1, Ratingen (Angerbachtal)

Kartentipp: **ADFC Regionalkarte radrevier.ruhr West + Bergisches Land / Köln / Düsseldorf**

TOURSTART

*Wir starten am Hauptbahnhof von Mülheim an der Ruhr, den wir über die Straße hinweg verlassen, um schräg links hinauf auf den Radweg RS1 zu gelangen (**Knotenpunkt** 2) und geradeaus weiter zu rollen. Hinter der Ruhrbrücke verlassen wir den RS 1 nach links und folgen den Schildern zum **Knoten** 3. Hier treffen wir auf den Ruhrtal-Radweg, dem wir nach rechts folgen.*

Auf der Innenstadt-Seite Mülheims cruisen wir über den City-Hafen und am anderen Ufer liegt unter uns die grüne Lunge der Stadt. Das Gelände der **Mülheimer Gartenschau** bietet Aktiv- und Erholungszonen, die sich über 7 km Länge erstrecken.

*Der Ruhrtal-Radweg geleitet uns zuverlässig durch Mintard nach Kettwig (vor der Brücke), wo wir am **Knotenpunkt** 55 rechts abbiegen und der Ringstraße folgen.*

Hoch über uns tost der Straßenverkehr auf der **Mintarder Brücke**, die kurz nach der Fertigstellung traurige Berühmtheit unter dem Namen „Selbstmörderbrücke" erlangte. Etwa vier Todesstürze pro Jahr waren der Anlass, in den 1980er Jahren die Geländer durch einen mehrere Meter hohen Zaun zu ersetzen.

Spannendes in der Kettwiger Altstadt...

Den Kreisel verlassen wir nach links auf der Heiligenhauser Straße. In deren Rechtskurve zweigen wir links ab in den Sengenholzer Weg, unterqueren die Bahn und biegen direkt dahinter rechts ein.

Ein Abstecher in die Altstadt von Kettwig lohnt sich immer: Das Ambiente der wunderschönen **Fachwerkhäuser** lädt genauso zum Verweilen ein, wie die Gastronomie. Direkt an der **historischen Brücke** werden wir nicht die einzigen sein, die ihre Bikes abschließen, denn hier gibt´s Eis, Kaffee und Kuchen mit bester Aussicht!

Wenige Meter später radeln wir geradeaus in den Radweg – wir sind nun auf dem Panorama-Radweg Niederbergbahn, der sogleich kräftig ansteigt.

Die **Niederbergbahn** wurde ab 1888 abschnittsweise in Betrieb genommen. Bei der finalen Fertigstellung im Jahre 1926 waren es rund 27 km, die eine Schienenverbindung zwischen Oberdüssel bei Wülfrath und Kettwig sicherstellten. Zunächst waren nur

Tour 14

wenig Personen und Waren auf der Strecke unterwegs. Das änderte sich im Zweiten Weltkrieg, als Rüstungsgüter in Heiligenhaus produziert und per Bahn verschickt wurden. Im Bombenhagel der Alliierten wurden später viele Verbindungen im Revier zerstört, so dass die Züge über die Niederbergbahn umgeleitet werden mussten – mehr als 50 km/h waren hier aber nicht möglich. Dies war einer der Gründe dafür, dass ab 1960 der Personenverkehr und ab 1999 auch das letzte Teilstück für den Gütertransport stillgelegt wurden.

Da schweifen die Blicke gerne mal zur Seite

Ab 2008 wurde die Trasse einer neuen Nutzung gewidmet, die uns auch sehr zu pass kommt, denn wir kurbeln ganz entspannt rund 20 km bergan auf dem **„Panorama-Radweg Niederbergbahn"**. Insgesamt nutzt die Strecke drei Viadukte und 16 Brücken – bei einer traumhaften Breite von 3 m!

Bei dem großen Parkplatz in Heiligenhaus verlassen wir den Panorama-Radweg Niederbergbahn mit sehr viel Umsicht wegen des Autoverkehrs nach rechts. An der querenden Westfalenstraße links und an der Ampel-Kreuzung rechts in die Bahnhofstraße.

Das Ende unserer Trassen-Tour könnte schöner nicht sein: Wir schwenken rechts weg und haben den besten Blick auf die sogenannte **1 Waggon-Brücke**. Konstrukteur Ulrich Diehl nahm einen ehemaligen, vierachsigen Flachwagen und funktionierte ihn als stilechte Brücke um.

Die Bahnhof- geht in die Wülfrather Straße über, wobei wir mit dem Radweg an den nächsten Kreuzungen und im Kreisel jeweils geradeaus kurbeln und später bei den Parkbuchten rechts abbiegen.

Lieber ein Picknick im Grünen…

Heiligenhaus konnte sich seinen dörflichen Charakter gut bewahren – mit der **Figurengruppe** am Kirchplatz wurde dies sogar in Bronze gegossen. Unübersehbar ist die als „Dom" bekannte **Kirche St. Suitbertus**, denn der hohe Turm grüßt weit ins Land.

Die Wülfrather Straße steigt weiterhin an und überquert die A44. Dahinter rechts und im Feld links in den Angerweg, der uns mit rasanter Abfahrt hinunter ins Tal bringt. Wir befinden uns nun auf dem Euroga-Radweg.

Der **Angerbach** mäandert hier teils in engen Kurven, stürzt sich über Steine und schmiegt sich wunderschön in die teils dicht bewaldete Landschaft ein. Nicht umsonst kommen viele Ausflügler hierher, um durch das Tal zu wandern. Seit 2006 wurden weite Teile des **2 Angertals** unter **Naturschutz** gestellt, um vielen seltenen Tierarten ein Refugium zu bieten. Auch 25 Pflanzenarten, die auf der roten Liste stehen, können hier erhalten werden.

Wir folgen dem Euroga-Radweg und rollen dabei mal links, mal rechts der Bahnschienen.

Das Landschaftsschutzgebiet **Hofermühle Süd** liegt direkt am Wegesrand. Wo einst Kalkstein abgebaut wurde, konnte sich eine außergewöhnliche Natur entwickeln.

Der Angerweg trifft auf die Ratinger Straße, der wir ein Stück nach links folgen, um sie wenig später nach rechts auf dem Weg „Hofermühle" wieder zu verlassen.

Haus Anger wurde im Verlaufe der Jahrhunderte mehrfach umgestaltet und erst vor einigen Jahren umfangreich restauriert. Gleich nebenan steht die **Angermühle**, die 1984 fast abgerissen werden musste, weil sie so verfallen war. Auch sie wurde inzwischen renoviert.

Beim Wanderparkplatz scharf links und hinter der engen Rechtskurve geradeaus auf „Müschenau". Dieser Weg bringt uns unter der A3 her und wird später zum Hommerichsweg.

Auf der anderen Uferseite des Angerbachs liegt **Haus Gräfgenstein**, eine beeindruckende Höhen-

... oder eine Einkehr in der Auermühle?

burg aus dem Mittelalter. Vermutlich gab es bereits im 13. Jh. an dieser Stelle eine Burg, die als Rittersitz gedient haben dürfte.

Ein Stück weiter liegt die 3 **Auermühle**. Das heutige Backsteingebäude entstand aus einer Wassermühle und ist heute ein beliebtes Ausflugsziel zur Einkehr.

An der Weggabelung zur Auermühle radeln wir vom Hommerichsweg links in „Auf der Aue" weiter. Direkt vor den Bahnschienen verlassen wir den Euroga-Radweg und biegen links in die Fester Straße ab, die uns zur Homberger Straße bringt. Hier rechts und hinter den Bahnschienen links – so erreichen wir den Bahnhof Ratingen-Ost, wo die Radtour endet.

Nach wechselhaften Zeiten wurde schon 1371 im heutigen Ratingen ein Marktplatz etabliert, auf dem bis heute die **Wochenmärkte** stattfinden. Rund um den Marktplatz postieren sich auch das 1656 errichtete **Minoritenkloster**, die Kirche St. Peter und Paul mit ihren Türmen aus dem 12. Jh. und das Bürgerhaus. Spektakulär sind die Überreste der ehemaligen 4 **Stadtmauer**. Einst bestand sie aus vier Stadttoren, 15 Wachtürmen und wuchtigen Mauern. Der **Trinsenturm**, 1474 noch die Waffenkammer, der 13 m hohe und 12 m im Durchmesser breite **Dicke Turm** sowie der Stadtgraben legen noch ein Zeugnis der ehemaligen Wehrhaftigkeit Ratingens ab.

Reisemobilstellplätze an oder nahe der Route

Freizeitdomizil Entenfangsee, Am Entenfang 7, Mülheim

Campingplatz Cammerzell, Werdener Straße 101, Essen-Kettwig

E-Bike Ladestationen an oder nahe der Route

Ladestation am RS1, Nähe Rathaus, Mülheim a.d.R

Hotel Knappmann, Ringstraße, Essen-Kettwig

Die Natur im Schlupkoten ist vom Menschen geformt

Tour 15 Länge 32 km

AUF DER NIEDERBERGBAHN VON DER DÜSSEL ZUR RUHR

Streckentour von Wülfrath-Aprath über Heiligenhaus nach Werden

Auf genau der Trasse, die einst von Güter- und Personenzügen genutzt wurde, können wir heute perfektes Radeln erleben: Der „Panorama-Radweg Niederbergbahn" hält, was der Name verspricht: Bei bester Fernsicht geleitet er uns zunächst etwas bergauf, dann auf autofreier und breiter Fahrbahn hinunter ins Tal der Ruhr.

Was erwartet mich?

32 km, zu Beginn der Tour eine kräftige Steigung, dann eine weitgehend ebene Tour auf einem Mix von Straßen, asphaltierten Wirtschaftswegen, naturbelassenen Wegen und Pfaden – zum Teil beschildert mit Knotenpunkten sowie als Panorama-Radweg Niederbergbahn und Ruhrtal-Radweg.

Wie komm ich hin?

ÖPNV: Start: Bahnhof Wülfrath-Aprath
Ziel: Bahnhof Essen-Werden
Mit dem Auto: P+R Parkplatz, Voisberger Weg 2, Wülfrath-Aprath

Was muss ich sehen?

1 Steinbruch Schlupkothen
2 Zeittunnel Wülfrath
3 Nevigser Wallfahrtsdom
4 Deutsches Schloss- und Beschlägemuseum

Wo tank ich auf?

Tunnelcafé mit Biergarten, Hammerstein 5, Wülfrath
Café Klärchen, Bahnhofstraße 97, Velbert
Bäckerei und Konditorei Bolten, Hauptstraße 158, Heiligenhaus
Dolcinella, Im Löwental 15, Essen-Werden

Kartentipp: **ADFC Regionalkarten radrevier.ruhr West + Bergisches Land / Köln / Düsseldorf**

Tour 15

TOURSTART

Wir starten am Bahnhof von Wülfrath-Aprath, den wir nach rechts am Parkplatz vorbei über den abschüssigen Voisberger Weg und links über die Wiedener Straße verlassen. Diese hat zum Glück einen Radweg auf der linken Seite und bringt uns mit etwas Steigung zum Schloss Aprath. Hinter dem Schloss wechselt der Radweg auf die andere Straßenseite.

Schloss Aprath entdecken wir schon nach wenigen Minuten des Radelns

Schloss Aprath ging aus einer mittelalterlichen Burg hervor, die mit umfangreichen Wehranlagen gesichert wurde. Die Reste der Wehranlage werden heute als Mode-Atelier genutzt. Hinter dem Schloss schließen sich ein Wald und der 1,3 ha große **Mühlenteich** an, an dem auch die **Aprather Mühle** mit ihrem Hofladen liegt.

An der Tankstelle links in den Oberdüsseler Weg und unter der A535 hindurch.

Die **Düssel** hat uns unmerklich auf den ersten Kilometern begleitet. Sie beginnt ihre etwa 40 km lange Reise ganz in der Nähe und erhielt ihren Namen vermutlich vom germanischen Begriff „thuslia", was „tosen", oder „rauschen" bedeutet.

Wenige Meter später zweigen wir links ab in eine Sackgasse, die wir links in den Panorama-Radweg verlassen können. Dieser steigt weiter an und tangiert die Innenstadt von Wülfrath.

Rechts neben uns erstreckt sich der **1 Steinbruch Schlupkothen** – dieser wurde mit einem Lehr- und Erlebnispfad erschlossen.

Die Innenstadt von Wülfrath empfängt uns mit einer wunderbaren **Altstadt** mit prachtvollen **Fachwerk- und Schieferhäusern** rund um den Kirchplatz. In der Fußgängerzone staunen wir über die Statue namens „Der Kalker". Er macht darauf aufmerksam, dass in der Region seit 1887 Kalk abgebaut wird. Der **Kalksteinbruch** war einst der größte seiner Art in ganz Europa.

Etwas außerhalb der City finden wir das **Niederbergische Museum**. Hier wurde eine komplette Apotheke

Wülfrath liegt einbegettet in grüne Weiten…

mit der originalen Ausstattung wieder aufgebaut. Zudem gibt es Multimedia-Präsentationen, eine Zinngießerwerkstatt und andere Attraktionen. Nur 400 m entfernt liegt der **Aussichtspunkt Steinbruch Prangenhaus.** Ab 1907 wurden in der Region rund 230 Millionen Tonnen Kalkstein abgebaut.

Am Zeittunnel biegen wir rechts ab und folgen weiter dem Panorama-Radweg Niederbergbahn – wir kommen oberhalb von Neviges vorbei.

Der **2 Zeittunnel** ermöglicht uns einen Ausflug in die 400 Millionen Jahre alte Erdgeschichte. Wo einst Rohstoffe abgebaut wurden, können wir heute in einem 160 m langen Tunnel „Historie begreifen“. Die Zeitfenster beginnen bei exotischen Lebewesen, zeigen uns Dinosaurier und die ersten Menschen, aber sie präsentieren uns auch interaktive Bildschirme mit Fossilien. Der Zwischenstopp lohnt sich doppelt, denn im **Tunnelcafé** mit Biergarten können wir unsere Kalorienreserven wieder auffüllen.

An der querenden Reuterstraße gibt es die Möglichkeit für einen Abstecher rechts nach Neviges. Er führt über teils steile Wege und Straßen nach unten – und natürlich nachher auch wieder nach oben. Lohnenswert ist es allemal.

… und bietet einen dunklen Zeittunnel

Reisemobilstellplätze an oder nahe der Route

Campingplatz Cammerzell, Werdener Straße 101, Essen-Kettwig

E-Bike Ladestationen an oder nahe der Route

Hotel Knappmann, Ringstraße, Essen-Kettwig

Schon im Jahre 1220 gab es eine „Herrschaft Hardenberg", die als eigenständige „Unterherrschaft" des Herzogtums Berg galt. Neben einigen Bauernschaften gehörte auch das Dorf Neviges zu diesen Besitztümern. Zu dieser Zeit gab es bereits **Burg Hardenberg**, die seinerzeit auf einem 247 m hohen Bergsporn thronte. Der Legende nach soll es von der Burg einen unterirdischen Gang zum rund 600 m entfernt liegenden **Schloss Hardenberg** gegeben haben. Das Schloss wurde am Hardenberger Bach für die Familie von Gevertshagen im barocken Stil erbaut und war damals ein Wasserschloss. Später wurde die Anlage mit starken Umwehrungen versehen. Zwei der alten Ecktürme und Teile der Mauern wurden restauriert, so dass wir uns gut vorstellen können, wie wehrhaft Schloss Hardenberg einst war.

Umstritten: Der Wallfahrtsdom Neviges…

Wenige Meter weiter steht der **3 Nevigser Wallfahrtsdom**, auch Mariendom genannt. Das zweitgrößte Gotteshaus des Bistums Köln polarisiert, denn es wurde mit unzähligen Ecken, Spitzen, Rundungen und Kanten aus Sichtbeton gefertigt. Zwischen „Meisterwerk" und „schrecklich" gehen die Meinungen auseinander. Architekt Gottfried Böhm plante eine Kirche für bis zu 8.000 Gläubige, realisiert wurde dieses 3.000 Menschen fassende Gebäude. Ziel der Pilger ist das **Gnadenbild** von Neviges. Im Jahre 1680 soll dem Franziskanermönch P. Anthonius Schirley beim Ansehen des Marienbildes eine Stimme gesagt haben: „Bring mich nach dem Hardenberg, da will ich verehret sein".

Wer nach so viel Spektakulärem etwas Erholung braucht, besucht die Innenstadt von Neviges, schaut sich die vielen schönen **Fachwerkhäuser** an und lässt sich in der Gastronomie nieder.

Unsere Tour führt auf der ehemaligen Bahntrasse in entspannter Fahrt weiter um Velbert herum.

Auch in Velbert lohnt sich ein Schwenk in die sehenswerte Innenstadt. Zu der gehören auch das Rathaus, das von einem wuchtigen Turm überragt wird und das repräsentative Alte Bürgermeisterhaus. Hier finden wir das **4 Deutsche Schloss- und Beschlägemuseum**, das uns die lange, mehr als 4.000 Jahre alte Geschichte der Sicherheitstechnik näherbringt.

Die Trasse der Niederbergbahn tangiert Hetterscheid und Heiligenhaus. Dabei rollen wir auch über die Waggonbrücke.

Das **Stadtwappen** von Heiligenhaus zeigt einen Amboss und darüber Hammer und Zange. Ein Hinweis darauf, dass es im hier 17. Jh. eine größere Anzahl von „Hausschmieden" gab. Hergestellt wurden seinerzeit **Beschläge** und **Schlösser** – eine Tradition, die bis heute erhalten werden konnte. Je nachdem, welches Auto wir fahren, wird das **Schließsystem** vermutlich in einer der ortsansässigen 70 Betrieben hergestellt worden sein.

*In entspannter Abfahrt erreichen wir Essen-Kettwig, wo wir an **Knotenpunkt 55** geradeaus und später über die Brücke radeln.*

...unumstritten: die Fachwerkschönheiten nebenan

Schon im Jahre 1282 soll es in Kettwig eine **Brücke** über die Ruhr gegeben haben, die eine große strategische Bedeutung hatte. Der vorletzten Brücke wurde das zum Verhängnis, denn im Krieg wurde sie 1945 gesprengt. So stammt die heutige Brücke aus dem Jahr 1950 und überspannt auf 175 m Länge die Ruhr.

Nachdem wir die Ruhr überquert haben, zweigen wir rechts ab und folgen dem Ruhrtal-Radweg.

Der **Ruhrtal-Radweg** hat sich schnell zu einem der beliebtesten Flussradwege Deutschlands entwickelt. Die Radler genießen den Komfort einer 4-Sterne-Qualitätsroute auf 240 km zwischen Winterberg und Duisburg.

Der Ruhrtal-Radweg erreicht Essen-Werden, wo wir den Sportplatz umkurven und direkt zum Bahnhof geleitet werden. Hier endet die entspannte Streckentour.

Weitere Informationen über Sehenswertes in der Stadt finden Sie im **Ortsporträt Essen** (siehe S. 68).

Die Trassen rund um den Halterner See sind auch für Handbiker geeignet

Tour 16 Länge 43 km

SIND WIR SCHON IM MÜNSTERLAND?

Rundtour von Haltern über Ahsen und Olfen

„Haltern am See“ – schon der Name unseres Start- und Zielortes verrät, was wir auf dieser wunderbaren Radrunde erleben werden: Sehr viel Wasser – mal im See, mal im Fluss, mal im Kanal. Auf der steigungsfreien Tour bieten die Radwege zudem beste Bedingungen, um komplett entspannt vor sich hin zu rollen.

Wie komm ich hin?

ÖPNV: Bahnhof Haltern am See

Mit dem Auto: P+R Parkplatz Bahnhof, Zum Ilkenkamp 10, Haltern am See

Was muss ich sehen?

1 Wesel-Datteln-Kanal
2 Schleusen Datteln
3 Landhaus Füchtelner Mühle
4 LWL-Römermuseum, Haltern am See

Wo tank ich auf?

Berthold´s Der Naturbäcker, Zum Dachberg 25, Haltern-Flaesheim
Restaurant zum Ankerplatz, Natroper Weg 7, Datteln (Schleusen)
Landhaus Füchtelner Mühle, Kökelsumer Straße 66, Olfen
Kökelsumer Bauernladen und Café, Kökelsum, 2, Olfen
Lakeside Inn, Stockwieser Damm 291, Haltern am See
Zur Kajüte, Strandallee 6, Haltern am See

Was erwartet mich?

43 km, eine weitgehend ebene Tour auf einem Mix von Straßen, asphaltierten Wirtschaftswegen, naturbelassenen Wegen und Pfaden – zum Teil beschildert mit Knotenpunkten sowie als Römer-Lippe-Route, Dortmund-Ems-Kanal Route und Naturpark Hohe Mark Route.

Kartentipp: **ADFC Regionalkarten radrevier.ruhr West + radrevier.ruhr Ost**

TOURSTART

Wir starten am Bahnhof von Haltern am See, den wir nach rechts über den Bahnhofszufuhrweg parallel zu den Schienen verlassen, um wenig später scharf rechts abzubiegen und unter den Gleisen her zu fahren.

Wer es gar nicht erwarten kann, die Halterner Innenstadt zu besuchen, folgt am Ende des Bahnhofszufuhrwegs der Recklinghäuser Straße und kommt am **Südwall** vorbei in die City.

Hinter der Unterführung treffen wir auf die Recklinghäuser Straße, der wir nun geradeaus folgen. Wir befinden uns auf der Römer-Lippe-Route (oder auch D7). An der ersten Ampel fahren wir geradeaus und halten uns rechts, um auf der Recklinghäuser Straße zu bleiben und die Lippe zu überqueren.

Von dem Straßenverkehr unbeeindruckt fließt unter uns die **Lippe** und wird dabei von einem dichten grünen Band auf beiden Ufern gesäumt. Sie hat hier schon gut 2/3 ihrer 220 km langen Reise hinter sich. Im Jahr 2018 wurde die Lippe als **„Flusslandschaft des Jahres"** geadelt: Mit dieser Auszeichnung ist zugleich eine Mahnung verbunden, die fragile Umwelt an den Flussufern zu schützen.

*Direkt hinter der Lippe-Brücke zweigen wir links ab und folgen dem Radweg am Wesel-Datteln-Kanal entlang. An den **Knotenpunkten** 34, 55 und 33 jeweils geradeaus.*

Der [1] **Wesel-Datteln-Kanal** wurde zwischen 1915 und 1930 angelegt, um eine schiffbare Verbindung zwischen dem Ruhrgebiet und den bedeutenden Seehäfen an der Nordsee zu erhalten. 1915 tobte noch der Erste Weltkrieg, daher mussten die Bauarbeiten 1916 zunächst unterbrochen werden. Erst 1924 wurde wieder an dem Meisterwerk gearbeitet. Der Weser-Datteln-Kanal ist die **am meisten befahrene Wasserstraße Deutschlands**!

Linkerhand liegt das **Wasserwerk Haltern**. Im Jahre 1908 in Betrieb genommen, ist es bis heute eines der wichtigsten Wasserwerke im Revier von dem ca. 1 Millionen Menschen mit Trinkwasser versorgt werden.

Auf der anderen Uferseite des Kanals erstreckt sich das „Baggerloch bei Flaesheim", ein großer See, der durch den Quarzabbau entstand. Genutzt wird

das Gewässer auch vom **Freizeitpark Flaesheim**, wo es eine Marina und eine Einkehrmöglichkeit gibt.

Wir tangieren den kleinen Ort Ahsen, wo es im 13. Jh. bereits eine Fähre über die Lippe gegeben haben soll. Vor den Toren Ahsens liegt der **Freizeitpark Gut Eversum**, der sich nicht nur bei Familien mit Kindern großer Beliebtheit erfreut. Ziegen, Erdmännchen, Totenkopfäffchen, Präriehunde, bunte Vögel und viele weitere tierische Bewohner sorgen hier für reichlich Spaß.

Direkt an unserem Radweg kommen wir am nächsten Schleusenkomplex vorbei: Die **2 Schleusen Datteln** sind der letzte der sechs „Aufzüge", den die Schiffe vom Rhein her kommend bewältigen müssen.

Erst durch die Schleusen werden die Kanäle schiffbar

Bild oben:
Rasant auf dem Wasser oder gemächlich am Ufer?

*Der Radweg trifft auf den quer verlaufenden Dortmund-Ems-Kanal, dem wir nach links folgen. Am **Knoten** 36 geradeaus und vor dem **Knoten** 50 links. Wir folgen den Schildern der „Naturpark Hohe Mark-Route" oder auch der D7. So gelangen wir nach Olfen.*

Kaum haben wir einen Kanal verlassen, schon rollen wir am **Dortmund-Ems-Kanal** entlang, der die Dortmunder Hafenanlagen mit der Ems und damit auch mit der Nordsee verbindet. 223,45 km ist die exakte Längenangabe des Kanals – die wirtschaftliche Bedeu-

Reisemobilstellplätze an oder nahe der Route

Wohnmobilstellplatz Haltern, Hullerner Straße 45-49, Haltern am See
Freizeitpark Flaesheim, Flaesheimer Straße 600, Haltern am See
Stellplatz Wehlingsheide, Im Wehling 26, Datteln
Hoher Niemen Freizeitpark, Stockwieser Damm 263, Haltern am See

E-Bike Ladestationen an oder nahe der Route

Fahrradservice Radhaus Roß, Zur Geest 4, Olfen
Fahrradverleih und -service, Nordstraße 59, Olfen
Getränkeservice Josef Wilms, Selmer Straße 16, Olfen
Kökelsumer Bauernladen und Café, Kökelsum, 2, Olfen

Mmmh... in der Füchtelner Mühle genießen wir selbstgebackenen Kuchen

tung ist ebenso groß wie der Aufwand, den man beim Bau betrieben hat: 160 Brücken ermöglichen Radlern, Fußgängern, Bahnen und dem Straßenverkehr eine Überquerung, es gibt hunderte an Durch- und Unterführungen von Rohren, Kabeln, etc.

Auch Olfen liegt, wie Haltern, im südlichen Münsterland. Im Ortskern können wir wieder zu Kräften kommen oder uns im Freibad erfrischen. Bei den Erdarbeiten zum **Naturbad** wurde 2008 ein **Gräberfeld** gefunden, das in die Bronze- und Eisenzeit datiert werden konnte.

*Olfen verlassen wir auf der Steverstraße über die Stever hinweg zum **Knotenpunkt** 98. Hier fahren wir ein kurzes Stück geradeaus, um dann nach links weiterhin den Schildern „Naturpark Hohe Mark-Route" zum **Knoten** 32 zu folgen.*

Wir rollen durch eine landwirtschaftlich geprägte Region und wenn wir genau hinsehen, können wir **Wildpferde** und **Auerochsen** entdecken. Am 3 **Landhaus Füchtelner Mühle** können wir einkehren und selbstgemachte Kuchen und Torten genießen. Die Geschichte des Anwesens reicht weit zurück, denn schon Fürstbischof Otto III., Graf von Rietberg, ließ hier im frühen 14. Jh. eine Landesmühle erbauen. Später entstanden weitere Gebäude und eine Sägemühle. Ein Kutscher, der zur Sägemühle kam, soll um 1850 herum um ein „wärmendes Getränk und einen Schnaps" gebeten haben. Dies wird als „Geburtsstunde der Gastronomie" im Landhaus angesehen.

Die **Stever** misst eine Länge von rund 58 km – sie kommt aus Nottuln im Münsterland und mündet bei Haltern in die Lippe.

*Am **Knoten** 32 fahren wir rechts durch die Felder nach Hullern und weiter zum **Knoten** 22. Hier biegen wir links ab, um dem Südufer des Hullerner Sees zu folgen, und fahren bis zum **Knoten** 15.*

Der kleine Ort **Hullern** wird wegen der beiden Seen gerne als **Ausflugsziel** genommen. Viele Gäste starten von hier zu Wanderungen und zu Radtouren in die Region.

Früher eines der größten und wichtigsten Römer-Lager

Der **Hullerner Stausee** wurde 1985 fertiggestellt und dient wie sein „Nachbar" zur Trinkwasserversorgung.

Von der Anlegestelle der „Möwe" am Freizeitpark Niemen können wir zu einer kleinen Kreuzfahrt über den **Halterner See** aufbrechen. Der 1,3 km lange Staudamm wurde zwischen 1927 und 1930 errichtet und später deutlich erweitert.

Direkt am Wegesrand liegt der große **Halterner Hafen**, wo wir einkehren und uns das Treiben auf dem Wasser anschauen können.

*Am **Knoten** 15 radeln wir geradeaus, um mit der Strandallee die Schienen zu unterqueren. An der nächsten Querstraße links auf den Radweg und gleich wieder links in den Hellweg (später Breitenweg). An der nächsten Kreuzung biegen wir links ab, folgen den Schildern am Kreisel Richtung Zentrum und später Richtung Bahnhof, wo die Radrunde endet.*

Am Ende der Tour widmen wir uns der Halterner Innenstadt. Rund um das schmucke Rathaus mit seinen Arkaden gibt es sehenswerte Ziele wie das **Alte Pastorat**, den **Siebenteufelsturm** oder den **Gänsemarkt**. Das Highlight ist das **Römerlager**: Es war einer der strategisch wichtigsten und größten Eckpfeiler des Römischen Reiches. Viele der archäologischen Funde sind im sehenswerten 4 **LWL-Römermuseum** von Haltern ausgestellt.

Ein Meisterwerk der Ingenieurskunst: Das Schiffshebewerk Henrichenburg

Tour 17 Länge 37 km

FASZINIERENDE TECHNIK

Rundtour von Castrop-Rauxel über Waltrop

Kaiser Wilhelm II. kam am 11.08.1899 höchstpersönlich ins Ruhrgebiet, um das Schiffshebewerk Henrichenburg in Betrieb zu nehmen. Bis heute gilt die monumentale Konstruktion aus Stahl als Meisterwerk der Ingenieurskunst. Wenn wir an drei unterschiedlichen Kanälen die Pneus rotieren lassen, gibt es aber noch viel mehr zu erleben, wie Fachwerkhäuser, Schlösser oder echte Industriekultur.

Was erwartet mich?

37 km, eine ebene Tour ohne Anstiege und Gefälle auf einem Mix von Straßen, asphaltierten Wirtschaftswegen, naturbelassenen Wegen und Pfaden – zum Teil beschildert mit Knotenpunkten sowie als Route der Industriekultur, Dortmund-Ems-Kanal Route.

Wie komm ich hin?

ÖPNV: Castrop-Rauxel Hauptbahnhof
Mit dem Auto: Park & Ride-Parkplatz Hauptbahnhof Castrop-Rauxel

Was muss ich sehen?

1. Schloss Bladenhorst
2. Erlebnispark Emscherland und Wasserkreuz Castrop-Rauxel
3. Schiffshebewerk Henrichenburg
4. Halde Brockenscheidt mit Spurwerkturm und ehemaliger Zeche Waltrop

Wo tank ich auf?

Il Gambro due, Wartburgstraße 283A, Castrop-Rauxel
Restaurant Inos, Provinzialstraße 19, Waltrop
Steakhouse Yachthafen, Münsterstraße 212, Waltrop
Moselbach Park Alm, Im Moselbachpark, Waltrop
Kahre´s Küchenzauber, Eöbinger Straße 2, Waltrop

Kartentipp: **ADFC Regionalkarte radrevier.ruhr Ost**

TOURSTART

Wir starten am Hauptbahnhof von Castrop-Rauxel, den wir nach rechts vom Berliner Platz über die Victorstraße verlassen. An der nächsten Querstraße rechts, hinter der Brücke rechts und bei ***Knotenpunkt*** *36 geradeaus am Kanal entlang.*

Schöner kann eine Radtour nicht beginnen: Schon nach wenigen Minuten kommen wir an 1 **Schloss Bladenhorst** vorbei. Der älteste Teil des Wasserschlosses ist das Torhaus, das sich hinter der Brücke aus dem Wasser zu erheben scheint. Die Ritter von Blarnhurst dürften es gewesen sein, die 1266 an dieser Stelle eine Burg bewohnten, die später im Stile der Spätrenaissance zu einem Wohnschloss umgebaut wurde.

Schloss Bladenhorst entdecken wir gleich zu Beginn der Runde

Gleich hinter dem Schloss radeln wir über die **Bladenhorster Brücke**. Der fast schon filigran anmutende rote Stahlfachwerkbau überspannt auf 65 m den Rhein-Herne-Kanal.

2023 wurde der 2 **Erlebnispark Emscherland** eröffnet. Das hügelige, 30 ha große Gelände wird von Emscher, Suderwicher Bach und Rhein-Herne-Kanal durchflossen und bietet neben Spielplatz, Imkerei und Streuobstwiese sogar einen Wingert. Gleich nebenan bestaunen wir das **Wasserkreuz Castrop-Rauxel**, wo die Emscher unter dem Kanal hindurchgeführt wird, was gerne als „Emscher-Düker" bezeichnet wird. Die deutlich besser zu sehende außergewöhnliche Brücke wird „Sprung über die Emscher" genannt.

Hinterm Wasserkreuz wechseln wir die Uferseite des Kanals und fahren weiter Richtung Norden. Die Strecke führt gegen den Uhrzeigersinn um das Schiffshebewerk Henrichenburg herum und wieder über den Kanal. Wir folgen nun der Dortmund-Ems-Kanal-Route an der querenden Wittener Straße nach rechts und an der Ampelkreuzung ebenfalls rechts in die Emscher-Lippe-Straße.

Das alte 3 **Schiffshebewerk Henrichenburg** ist ohne Frage das Highlight dieser Tour, denn wir stehen vor einem Meilenstein der Wasserbau-Geschichte. Damit die Schiffe vom Dortmund-Ems-Kanal in den Dortmunder Hafen fahren konnten, musste ein Höhenunterschied von 14 m überbrückt werden. Dafür wurde ein Schiffshebewerk errichtet, das Lastkähne innerhalb von nur 45 Minuten auf die richtige Ebene hievte. Kaiser Wilhelm II. kam persönlich hierher, um das Bauwerk am 11.08.1899 in Betrieb zu nehmen. Seit 1969 gibt es ein „neues" Hebewerk, das die Arbeit übernimmt. Die Anlage gehört mit den angrenzenden Kanalabschnitten und historischen Schiffen zum Westfälischen Landesmuseum, das zudem Maschinen, Bilder und Modelle präsentiert.

Nach der vielen Technik ist wieder „grün" angesagt, denn wir kommen am **Emscher-Lippe-Park** vorbei, der auf der Halde Emscher-Lippe angelegt wurde. Wir sind hier schon auf dem Stadtgebiet von Datteln und rollen durch den mit 7,2 ha. größten Park der Stadt. Die **Seilscheibe** erinnert daran, dass einst hier in der Zecher Emscher-Lippe Steinkohle von tief unter der Erde gefördert wurde.

Technik und Schönheit vereint!

Am Kreisel geradeaus und am nächsten Kreisel links. Dahinter verlassen wir die DEK-Route und queren den Dortmund-Ems-Kanal nach rechts, um dem anderen Ufer nach links zu folgen. Wenige Pedalumdrehungen später folgen wir der Rechtskurve, um uns ans Ufer des Datteln-Hamm-Kanals zu schmiegen.

Unsere „kanalisierte Tour" geht weiter: Nun rollen wir am Ufer des **Dortmund-Ems-Kanals** entlang, der den Dortmunder Stadthafen mit Papenburg, also mit der Ems bzw. der Nordsee verbindet. Der gleichnamige Radweg misst eine Länge von 350 km, die an sage und schreibe 15 Schleusen vorbei führen. 1899 wurde dieser Kanal fertiggestellt, wohingegen unser nächster, der **Datteln-Hamm-Kanal**, erst seit 1933 in Betrieb und „nur" 47 km lang ist.

Nachdem wir den Yachthafen Ribbrock, einen Campingplatz und eine weitere Brücke passiert haben, zweigen wir bei der nächsten Brücke rechts ab auf die Borker Straße. Hinter den Bahnschienen folgen wir weiter der Riphausstraße.

Reisemobilstellplätze an oder nahe der Route

Campingplatz Zum Abdinghoff, In der Torfheide 11, Waltrop
Campingplatz Losheide, Pelkumer Weg 4, Datteln
Campingplatz Gut Eickenscheid, Kanalstraße 54, Waltrop
Campingplatz Budde-Rosanowski, Friedhofstraße 118, Waltrop
Wohnmobilstellplatz Waltrop, Am Moselbachpark, Waltrop

Der **Moselbachpark** kündigt die Innenstadt von Waltrop an. Die heute fast 30.000 Einwohner zählende Stadt erwuchs aus mehreren Bauernschaften. In der Innenstadt ragt der 40 m hohe Turm der **Pfarrkirche St. Peter** in die Höhe. Er blickt auf den „Tempel" hinunter, ein Sammelsurium gut erhaltener **Fachwerkhäuser**.

An der Ampelkreuzung zweigen wir links in die Dortmunder Straße und kurz darauf rechts ab – dann sofort geradeaus in den Weg, der uns mit einem Rechts- und einem Linksknick durch den Park geleitet. Am Ende geradeaus, über die Sydowstraße hinweg, auch dahinter immer weiter geradeaus.

Waltrop erfuhr durch den Betrieb einer **Zeche** und einer **Kokerei** einen großen wirtschaftlichen Aufschwung – bis zu 3.000 Beschäftigte fanden hier Arbeit, bis die Förderung 1979 endete. Aus der ehemaligen Zeche wurde ein Gewerbepark, der mit seinem toll restaurierten Hauptgebäude am Wegesrand liegt.

Direkt nebenan erstreckt sich der weitläufige **Zechenwald**, in dem auch der **Waltroper See** funkelt.

Hinterm Gewerbegebiet links in den Wald – hier sind wir wieder auf der „Route der Industriekultur". An der querenden Tinkhofstraße fahren wir rechts und gleich wieder links und folgen den Schildern mit einer kleinen Steigung um das Wohngebiet herum.

Eine der kleinsten, aber eine der schönsten Halden: Brockenscheidt

Bei unserer Abfahrt von der **ehemaligen Zeche Waltrop** rückt die **4 Halde Brockenscheidt** in den Blickwinkel. Na klar, der Aushub aus der Zeche musste ja irgendwo hin! Die Halde ist „nur" 15 m hoch und rund 6,5 ha groß. Damit ist sie eine der kleinsten, aber doch eine der schönsten Halden im Pott. Die Spitze ziert der sogenannte **Spurwerkturm**, der aus 1.000 m gebrauchten Spurlatten errichtet wurde. Spurlatten wurden einst im Schacht eingesetzt, um den Förderkorb sauber nach unten in die

Zeche zu führen. Von der 12 m hohen Aussichtsplattform genießen wir einen herrlichen Ausblick über unser Tourengebiet.

*Vor der Brücke über den Dortmund-Ems-Kanal biegen wir rechts in die Hafenstraße und bleiben in Ufernähe. Bei nächster Gelegenheit kreuzen wir den Kanal und folgen weiter dem anderen Ufer. Am **Knotenpunkt** 32 biegen wir links ab und erreichen das Schiffshebewerk Henrichenburg. Ab hier folgen wir nach links ein Stück dem Rhein-Herne-Kanal, um vor der Brücke am Landschaftspark Burg Henrichenburg nach links zu schwenken. Die Wartburgstraße geleitet uns zurück zum Hauptbahnhof von Castrop-Rauxel, wo die Tour endet.*

Wer gegen Ende noch Zeit und Lust auf einen Abstecher hat, folgt den Schildern in die Stadtmitte von Castrop-Rauxel. Im 20. Jh. erlebte die Stadt einen echten Boom, als mit Victor, Ickern, Erin und Graf Schwerin in **vier Zechen** Kohle zu Tage gefördert wurde

In Castrop-Rauxel erinnern noch einige Gebäude, wie der **Hammerkopfturm** oder das **Fördergerüst** an die Blütezeit der ehemaligen Zeche Erin.

Die Reste der Zeche Waltrop sind noch heute eine Augenweide

E-Bike Ladestationen an oder nahe der Route

EUV Stadtbetrieb, Westring, Castrop-Rauxel

Rathaus, Waltrop

Manufactum, Hiberniastraße 4, Waltrop

Die Halde Großes Holz entstand aus dem Abraum mehrerer Zechen

Tour 18 Länge 34 km

AM GUTEN ALTEN KUHBACH ENTLANG

Rundtour von Lünen über Werne und Bergkamen

Ein Blick auf die Karte verrät es: Bei dieser Tour drehen wir gleich drei Runden in einem! Unser „roter Faden" ist der Datteln-Hamm-Kanal, der beste Radel-Bedingungen bereithält. Für den Rückweg nutzen wir die Radtrasse entlang des Kuhbachs, die weniger bekannt und daher meist wenig befahren ist.

Was erwartet mich?

34 km, eine weitgehend ebene Tour auf einem Mix von Straßen, asphaltierten Wirtschaftswegen, naturbelassenen Wegen und Pfaden – zum Teil beschildert mit Knotenpunkten sowie als Route der Industriekultur, Römer-Lippe-Route und Kuhbach-Radweg.

Wie komm ich hin?

ÖPNV: Hauptbahnhof Lünen
Mit dem Auto: Parkplatz am Hauptbahnhof, Münsterstraße 50, Lünen

Was muss ich sehen?

1 Römerboot
2 Halde Großes Holz
3 Archäologischer Lehrpfad
4 Siedlung Victoria

Wo tank ich auf?

Bäckerei Kanne, Willy-Brandt-Platz 2, Lünen
Restaurant am Yachthafen Rünthe, Hafenweg 40, Bergkamen
Stilvoll im Rathaus, Markt 9, Werne
Gyros Grill, Landwehrstraße 113, Bergkamen
Bäckerei Kanne, Münsterstraße 205, Lünen

Kartentipp: **ADFC Regionalkarte radrevier.ruhr Ost**

TOURSTART

*Wir starten am Hauptbahnhof von Lünen, den wir über den Vorplatz (**Knoten** 24) zur Münsterstraße (B54) verlassen, um dort links abzubiegen. Wir folgen der Münsterstraße an der Ampel weiter geradeaus und dann links zur Lippe am **Knotenpunkt** 23.*

Die **Lippebrücke** begeistert uns mit ihrer schwungvollen Bogenkonstruktion, die wuchtig, aber doch filigran wirkt.

Schwungvoll und farbenfroh geht's über die Lippe

Mit der Münsterstraße fahren wir über die Brücke, am anderen Flussufer rechts und direkt wieder links in „Im Hagen", später „Marktstraße".

Die **Shoppingmeile** Lünens beginnt mit einem großen Einkaufszentrum und setzt sich mit vielen Geschäften in der Marktstraße fort.

*Die Markt- verlassen wir nach links auf die Bäckerstraße und rollen geradeaus auf der Stadttorstraße unter der B54 her. Direkt hinter dem Tunnel zweigen wir links ab (**Wegepunkt** 1) auf den Radweg, der uns als Römer-Lippe-Route stets in der Nähe der Lippe entlang führt*

In einem weiten Waldstück kommen wir am 1 **Römerboot** vorbei. Eine schlanke Stehle aus Metall und beschriftete Fässer im Boot erklären uns, was es mit dem Weg und dem Boot auf sich hat.

*Hinter dem Altarm der Lippe queren wir die Hammer Straße geradeaus und biegen wenig später bei **Knotenpunkt** 18 links ab. So gelangen wir zum Datteln-Hamm-Kanal, den wir bei nächster Gelegenheit überqueren (**Wegepunkt** 2), um dem Ufer auf der anderen Seite für einige Kilometer zu folgen.*

Der **Datteln-Hamm-Kanal** ist seit 1914 ein unersetzlicher Bestandteil der Infrastruktur im Revier. Kies, Zement und andere Waren werden hier mit Binnenschiffen zwischen Dortmund und der Ems transportiert. Aber auch Freizeit-Skipper freuen sich über die idealen Bedingungen auf dem Kanal, was an den vielen Yachthäfen deutlich wird.

Kaum haben wir den Kanal überquert, liegt rechts neben uns das Gelände der ehemaligen **Zeche Haus Aden**. Auch hier wurde ab 1938 Steinkohle aus einer Tiefe bis zu 924 m gefördert, was vielen Menschen in der Region Arbeit bot. Die ersten Entlassungen gab es 1964 bei der Kohlekrise. Damals mussten schon 1.000 Kumpel gehen. Im Jahre 2001 kam das endgültige Aus der Zeche.

Ein Stück weiter erhebt sich rechterhand die **2 Halde Großes Holz** bis auf eine Höhe von 145 m ü.n.N. Die Halde entstand aus dem Abraum aus den Zechen in Bergkamen. Bis 2005 galt sie als „brennende Halde", was bedeutet, dass es im Innern immer wieder zu Schwelbränden kam. Den interessanten Namen erhielt die Halde Großes Holz durch das Waldgebiet, das es hier früher einmal gab und nun wieder gibt. Den Gipfel können wir auf einer langen Treppe erklimmen. Die Anstrengungen lohnen sich, denn oben genießen wir eine großartige **Aussicht** auf den Kanal, die Marina Rünthe und die umliegende Region. Außerdem stehen hier spannende Skulpturen, die nachts illuminiert werden. Am Eindrucksvollsten ist die 30 m hohe **Lichtskulptur „Impuls"** – ein dünner Stab, der sich in den Himmel reckt und mit 14.400 LEDs versehen wurde.

Auf der anderen Seite des Kanals erblicken wir das 1978 gegründete **Kohlekraftwerk Bergkamen** mit einer Netzleistung von 717 Megawatt. Im Rahmen des Ausstiegs aus der Kohleverstromung in Deutschland ging das Werk 2024 vom Netz.

Der Radweg am Kanalufer passiert die Marina Rünthe, wo wir auf dem Hafenweg vom Ufer weggeleitet werden.

Direkt am Wegesrand liegt die **Marina Rünthe**, einer der größten Yachthäfen des Landes – um das zu würdigen, findet jedes Jahr ein großes Hafenfest statt, das unzählige Menschen von Nah und Fern anzieht. Die Geschichte des Hafens reicht bis in die 1930er Jahre zurück. Allerdings wurden hier seinerzeit die Kohlen verladen, die zuvor aus der Zeche Werne zutage gefördert worden waren.

Der **Beversee** liegt malerisch eingebettet im dichten Grün des **Beverwaldes**. Die Entstehung war allerdings keineswegs so idyllisch, denn der See entstand aus einer gewaltigen Bergsenkung infolge des untertägigen

Reisemobilstellplätze an oder nahe der Route

Wohnmobilstellplatz Werne, Am Hagen 19, Werne
Wohnmobilstellplatz Marina Rünthe, Hafenweg 10, Bergkamen

E-Bike Ladestationen an oder nahe der Route

Radstation Lünen Markt, Im Hagen 3, Lünen
Radstation Lünen Hauptbahnhof, Lünen
BHKW Ladepunkt, Bertolt-Brecht-Straße 5, Werne
BHKW Ladepunkt, Lüner Straße 29, Werne
Radstation Bergkamen, Am Busbahnhof, Bergkamen

Abbaus von Kohle und Erzen in der Region. Heute stehen rund 100 ha des gesamten Areals unter Naturschutz.

*An der querenden Werner Straße links (**Wegepunkt ❸**) und mit der Römer-Lippe-Route über die Lippe hinweg nach Werne, wo wir am **Knoten** ③ rechts abbiegen.*

Für Werne brauchen wir viel Zeit, denn es gibt viel zu entdecken: Für unsere strapazierten Körper gibt es einen **Salinenpark** mit Solebad und Gradierwerk. Die Innenstadt sorgt mit einer kleinen **Fußgängerzone** für Entschleunigung, wozu auch die vielen historischen Häuser der **Altstadt** rund um den Marktplatz beitragen. Hier finden wir auch das Alte Rathaus, das Steinhaus, die Pfarrkirche St. Christophorus und tolle Fachwerkfassaden.

*Die Römer-Lippe-Route bringt uns raus aus Werne und kreuzt wieder die Lippe. Am **Knoten** ④ rechts und kurz darauf über den Kanal. Direkt hinter der Brücke rechts und am Kanal entlang. Am **Knoten** ② zweigen wir links ab und folgen dem schönen Radweg schnurgeradeaus durch Wälder und Felder.*

Der schnurgerade Radweg verläuft genau auf der Trasse der alten **Zechenbahn**.

*An der querenden Königstraße links und gleich wieder rechts – und schon sind wir auf dem nächsten Radweg, mit dem wir die Industriestraße geradeaus queren. Nachdem es auch geradeaus über Landwehr- und Hüchtstraße ging, zweigen wir auf den Kuhbach-Weg rechts ab (**Wegepunkt ❹**.*

Der Radweg entlang des **Kuhbachs** wird auch gerne als „Körnebachtrasse" bezeichnet. Auf rund 23 km bietet er bestes Radel-Vergnügen.

*Der Kuhbach-Weg geleitet uns „schwungvoll" durch die Wohnorte von Bergkamen. Er trifft schließlich auf die Römer-Lippe-Route (**Wegepunkt ❺**), der wir nun weiter folgen. Mit mehrfachem Abbiegen erreichen wir wieder den Kanal, den wir queren, um dem Fernradweg weiter zu folgen.*

In Oberaden müssen wir von den E-Bikes steigen und dem 3 **archäologischen Lehrpfad** folgen. Hier

Am Beversee erleben wir ruhige Momente

erfahren wir, dass es hier einst die bedeutendste militärische Anlage der Römer in Germanien gab. Um 11 v.Chr. wurde die weitläufige Militärstadt angelegt. Erst 1905 entdeckte Pfarrer Otto Prein die Überreste wieder, als er Bohrungen durchführte. Um uns die Dimensionen vor Augen zu führen, wurde ein Stück der **Erde-Holz-Mauer** rekonstruiert, die das Lager einst umgab.

*Nach wenigen Pedalumdrehungen verlassen wir den Kanal nach rechts (**Wegepunkt ❻**) und biegen an der querenden Hammer Straße links auf den Radweg ab. Kurz darauf rechts in „An der Fähre" und mit der Westfalia-Brücke über die Lippe.*

Die **Westfalia-Brücke** sieht nicht nur alt aus – wir rollen hier über ein echtes Stück Industriekultur. Von hier haben wir einen guten Blick auf das ebenfalls sehenswerte **Wehr Westfalia**.

*Hinter der Brücke weiter geradeaus auf dem Weg, der in die Hüttenallee übergeht. An der querenden Münsterstraße (B54, **Wegepunkt ❼**) zweigen wir links ab und folgen dem Radweg zurück zum Hauptbahnhof Lünen, wo die Tour endet.*

Gleich links neben der B54 liegt die **4 Siedlung Victoria**, die 1912 neben der gleichnamigen Zeche fertiggestellt wurde. Die blumigen Worte dazu waren seinerzeit in einer Zeitschrift: „hier finden die Arbeiter ein vorbildliches Heim in den hier vorgeführten, künstlerisch hochstehenden Häusern". Bis heute konnte der Charme dieser Siedlung mit viel Grün, Plätzen und nur lockerer Bebauung erhalten werden – die Bewohner wissen das sehr zu schätzen!

Der Glaselefant wurde schnell zum Wahrzeichen Hamms

ELEFANTEN UND TEMPEL: EIN HAUCH VON FERNOST

Rundtour von Hamm über Uentrop und Dolberg

Auf dieser Tour wähnen wir uns in einer fernen und vielleicht auch etwas uns fremden Welt, denn wir besuchen den zweitgrößten Hindutempel Europas. Dies führt ganz bestimmt zu bleibenden Eindrücken, die wir wenige Minuten später in einem Hofcafé verarbeiten können. Die entspannte Rundtour verläuft teils auf dem Römer-Lippe-Radweg, wo auf besten Wegen gleich zwei Schlösser zu entdecken sind.

Was erwartet mich?

30 km, eine ebene Tour ohne Anstiege und Gefälle auf einem Mix von Straßen, asphaltierten Wirtschaftswegen, naturbelassenen Wegen und Pfaden – zum Teil beschildert mit Knotenpunkten sowie als Werse-Radweg und Römer-Lippe-Route.

Wie komm ich hin?

ÖPNV: Hauptbahnhof Hamm

Mit dem Auto: Parkplatz Bahnhof P4, Hamm

Was muss ich sehen?

1 Maximilianpark Hamm
2 Hinduistischer Tempel in Uentrop
3 Schlösser Oberwerries und Heessen
4 Kurpark Hamm mit Gradierwerk

Wo tank ich auf?

Maxigastro Hamm im Maximilianpark, Alter Grenzweg 2, Hamm

Schulte-Geithe, In der Geithe 1, Hamm

Tante Malchen, Dolberger Straße 89, Lippetal

Altes Fährhaus Hamm, Fährstraße 1, Hamm

Kartentipp: **ADFC Regionalkarte radrevier.ruhr Ost**

Tour 19

TOURSTART

Wir starten am Hauptbahnhof von Hamm, den wir vom Vorplatz aus schräg links über die Gustav-Heinemann-Straße verlassen. An der großen Ampelkreuzung queren wir die B63, um links dem Westring zu folgen, der mitsamt seines Radwegs kurz darauf einer Rechtskurve folgt. Dann nutzen wir die erste Gelegenheit, die vierspurige Straße nach links zu überqueren und folgen ab hier dem Werse-Radweg (am ***Knotenpunkt*** *8 vorbei) entlang des Datteln-Hamm-Kanals.*

Mehr Informationen über den Ort finden Sie im **Ortsporträt Hamm** (siehe S. 140).

Am ***Knotenpunkt*** *11 rechts und weiter zur 12. Hier biegen wir links in den Alten Grenzweg.*

Direkt am Wegesrand liegt der 1 **Maximilianpark**, wo ab 1904 in der Zeche Maximilian Steinkohle zu Tage gefördert wurde. Im Jahr 1984 war das Gelände Schauplatz der Landesgartenschau NRW. Damals entstand im ehemaligen Gebäude der Kohlenwäsche der sogenannte **„Glaselefant"**, der schnell zum Wahrzeichen Hamms „mutierte". Den 35 m hohen Kopf des Elefanten erreichen wir mit einem Aufzug, der natürlich durch den Rüssel verläuft. Oben gibt es eine grandiose Aussicht und einen Palmengarten. Zu seinen Füßen entdecken wir eine 600 qm große Urwaldlandschaft, in der uns bunte **Schmetterlinge** um die Nase schwirren sowie ein weitläufiges Parkareal mit Kinderparadies und Eisenbahnmuseum.

Den Alten Grenzweg verlassen wir nach wenigen Pedalumdrehungen nach rechts auf der Bramer Straße. Kurz darauf links in die Lange Reihe, die ein gutes Stück geradeaus verläuft, eine Rechtskurve zeichnet und auf „In der Geithe" trifft, wo wir rechts abzweigen und zum Hof Schulte-Geithe rollen.

Der Fluss namens Geithe plätschert durch den weiten **Geithewald** und sorgt für echtes Naherholungs-Feeling. Inmitten dieser Natur liegt das **Traditions-Gasthaus** Schulte-Geithe.

*Hinter dem Hof auf „In der Geithe" biegen wir links ab (****Wegepunkt*** *1). Dieser Weg namens „Im Nachtigallental" geleitet uns durch weite Felder und trifft auf die*

Straße „Auf dem Südfelde", wo wir links und sofort wieder rechts abbiegen, um zum Kanal-Ufer zu gelangen und nach rechts an einem Industriegelände entlang zu radeln.

Eine Reise in ferne Welten erleben wir am Hindutempel

Auf unserer Radrunde rollen wir am Ufer des **Datteln-Hamm-Kanals** entlang, der eine der wichtigsten Schiffsverbindungen des Ruhrgebiets darstellt. Schon 1870 wurde der Bau beschlossen, wobei das Projekt 44 Jahre später exakt zwei Wochen vor Beginn des Ersten Weltkriegs fertiggestellt werden konnte.

Mit der nächsten Brücke queren wir den Kanal und fahren geradeaus auf der Zollstraße, mit der wir später die Schienen und die Lippestraße kreuzen. Auch die querende Dolberger Straße überqueren wir geradeaus und erreichen den Bauernhof mit Hofcafé Tante Malchen.

Wenn wir hinter dem Kanal der Siegenbeckstraße ein paar Meter nach rechts folgen, erreichen wir den **2 Hindutempel** und trauen unseren Augen nicht: Der **Sri-Kamadchi-Ampal-Tempel** entführt uns in eine ferne, asiatische Welt. Staunend stehen wir vor der filigran gearbeiteten Fassade und entdecken neue Details. Es ist einer der größten hinduistischen Tempel Europas und jedes Jahr Schauplatz eines zwei Wochen dauernden Tempelfestes, bei dem die Göttin Kamadchi von bis zu 15.000 Gläubigen aus ganz Europa verehrt wird. Auch außerhalb des Tempelfestes gibt es beeindruckende Rituale, Hochzeiten und Feste im Tempel und im benachbarten Gemeindehaus. Wir dürfen – natürlich gebotenem Respekt und Einhaltung der religiösen Vorgaben – das Innere des Tempels besuchen.

Direkt an unserem Radweg liegt **Haus Uentrop**. Das 1720 erbaute Wasserschloss liegt in einem großen Park und befindet sich in Privatbesitz. Nur wenige Meter entfernt steht die **Alte Lippeschleuse Uentrop**, die als eine von 15 Schleusen notwendig war, um einen Kanal zu realisieren bis Lippstadt.

Reisemobilstellplätze an oder nahe der Route

Wohnmobilstellplatz Hamm, Schleusenweg 26, Hamm

Wohnmobilstellplatz Hamm, Enningerberg 6, Hamm

E-Bike Ladestationen an oder nahe der Route

Radstation am Hauptbahnhof, Hamm

Maximilianpark, Am Haupteingang, Hamm

Nachdem wir fast genau die Hälfte der Tour absolviert haben, bietet sich eine Rast bei **„Tante Malchen"** an. Der idyllisch am Waldesrand gelegene Fachwerk-Bauernhof bietet uns einen Hofladen und ein Landcafé. Hier können wir leckere Waffeln oder herzhafte Speisen in perfektem Ambiente genießen.

*Die Tour führt vor dem Hofcafé Tante Malchen nach links weiter und nach wenigen Pedalumdrehungen später zwischen den Bauernhöfen rechts in den Weg „Ostholt", der einen Rechts-Links-Knick vollzieht und geradeaus durch die Felder führt. In den Feldern links in den Ostdolberger Weg, der uns durch den gleichnamigen Ort und zur Uentroper Straße geleitet (**Wegepunkt ❷**). Hier rechts, in Dolberg im Kreisel links und am Ortsende links in den Haarener Weg. Hinter der Lippe-Brücke rechts, dann rollen wir auf der Römer-Lippe-Route entlang der Lippe an den Schlössern Oberwerries und Heessen vorbei.*

Und wieder die Frage: Welches ist schöner: Schloss Oberwerries…

Der Anblick von 3 **Schloss Oberwerries** verzückt bestimmt jeden Besucher, denn mitten in den Auen der Lippe wurde dieses wunderschöne Wasserschloss angelegt, dessen Historie bis ins Jahr 1284 zurück reicht. Seinerzeit war es noch eine Burg, mit der die Grenze zum Münsterland geschützt werden sollte. Heute nutzt die Stadt Hamm Schloss Oberwerries, wenn illustre Gäste empfangen werden. Auch für Bildungs- und Begegnungsstätte ist die Anlage prädestiniert – vielleicht haben wir Glück, und es findet gerade bei unserem Besuch eine spannende Veranstaltung statt?

3 **Schloss Heessen** wird seit 1957 als privates Gymnasium und Internat genutzt, so dass uns der Zutritt verwehrt bleibt. Doch auch von außen ist die Anlage beeindruckend: Die drei Flügel des Hauptgebäudes

... oder Schloss Heessen?

wurden aus Backsteinen gefertigt und mit prachtvoll verzierten **Stufengiebeln** ausgestattet. Die teils efeubewachsene Fassade lässt erkennen, dass sich dahinter meisterhafte Elemente der Neugotik und der Renaissance verbergen.

Hinter Schloss Heessen radeln wir links über den Fährweg, queren erneut die Lippe und biegen dahinter rechts ab. Am ***Knotenpunkt*** *9 geradeaus und dann auf dem Hinweg wieder retour zum Hauptbahnhof von Hamm, wo unsere Runde endet.*

Zum Abschluss der Tour erholen wir uns im 4 **Kurpark** von Bad Hamm. Hier rieselt Salzwasser über Reisigzweige, so dass beim Verdampfen des Wassers ein Heilklima entsteht. Eingebettet ist das **Gradierwerk** in einen weitläufigen Park, der Elemente eines Botanischen Gartens enthält und an die **„Erlebnistherme"** namens Maximare mit einem reichhaltigen Angebot zu Wellness und Sauna grenzt.

Orts-
porträt

HAMM

Es war an einem Aschermittwoch im Jahr 1226, als Graf Adolf von der Mark die Stadt Hamm gründete. Dabei war Hamm nur eine von mehreren Städten, die seinerzeit gegründet wurden. So sollte die Grafschaft Mark, die zum westfälischen Adel gehörte, vor den Einflüssen des Kölner Erzbischofs Engelbert I. geschützt werden.

Hamm entstand als „Planstadt" – also eine komplett neue Stadt, die nach neuesten Gesichtspunkten auf die „grüne Wiese" gesetzt wurde.

Nach einer sehr wechselvollen Geschichte sorgte die Industrialisierung für einen Aufschwung in der Stadt. Man suchte nach Kohle, fand auch einige Vorkommen, aber man fand auch Sole, was Hamm zu einem Kurbad adelte. Im Zweiten Weltkrieg wurde Hamm, wie alle anderen Städte des Ruhrgebiets, zum Ziel der Alliierten. Es dauerte lang, bis die massiven Kriegsschäden behoben waren. Und so präsentiert sich Hamm heute in einem spannenden Mix aus historischen und modernen Gebäuden.

Im Maximilanpark gibt´s viel zu entdecken

Und so erheben sich aus dem Häusermeer die Türme von der **Martin-Luther- und der Pauluskirche**. Letztere trug früher den Namen „St. Georg und Laurentius", die immerhin die Schutzpatrone der Stadt waren. Von der ehemaligen Burg der Grafen von der Mark ist heute leider nichts mehr übrig. Die bereits verfallenen Reste wurden zu Beginn des 20. Jhds. beseitigt. Daher widmen wir uns z.B. dem Stuniken-Haus, das 1748 für den damaligen Oberbrandmeister J.B. Stuniken am gleichnamigen Markt errichtet wurde. Auch im Krieg blieben die Freitreppe und der prachtvolle Giebel erhalten.

Gesehen haben müssen wir auch das **Alte Brauhaus**, das wir in der Eylertstraße finden. Die ältesten

Weitläufig und ruhig präsentiert sich Hamms Kurpark

Bild rechts oben: Wissbegierige besuchen das Museum Hamm

Teile dieses wunderbaren Fachwerkgebäudes stammen von 1516, was es zu einem der ältesten Häuser Hamms machen. Hier können wir in rustikalem Ambiente inmitten dicker Eichenbalken stilvoll speisen. Auch um das Alte Brauhaus herum entdecken wir einige historische Gebäude wie **Haus Dabelow**, die **Einhorn-Apotheke** oder das auffällige **Geschäftshaus Lommel**.

Nicht zu vergessen ist, dass Hamm auch ein traditioneller Kurort ist. Der weitläufige **Kurpark** mit vielen alten Eichen liegt etwas außerhalb der Innenstadt. Er präsentiert uns natürlich auch ein **Kurhaus**, viel Blumenschmuck, einen Musikpavillon und mehrere Teiche. Das **Gradierwerk** sorgt seit 2009 für gute Luft. Sole, d.h. Salzwasser tröpfelt hier über Schwarzdorn-Reisig und verdunstet dabei. Das sorgt für ein Mikroklima, das für Allergiker und Asthmatiker eine heilende Wirkung verspricht.

Gleich nebenan verzweigt sich das **Maximare**, das sich selbst als „Erlebnistherme" bezeichnet. Die Kurgäste freuen sich nicht nur über das Natursolewasser, auch die Bereiche „Aqua-, Sauna- und Wellnesswelt" garantieren für totale Entspannung.

Überregional bekannt ist der **Maximilianpark**, der 1984 im Zuge der Landesgartenschau entstand. Auf einem alten Zechengelände entstand ein weitläufiger, entgeltpflichtiger Park, in dem sich das Wahrzeichen der Stadt erhebt: Die ehemalige Kohlenwäsche wurde mit viel Glas umgestaltet zu einem riesigen **Elefanten**. Durch den gläsernen Rüssel fahren wir nach oben in den „Kopf" des Elefanten. Nachdem wir die herrliche Aussicht genossen haben, lassen wir uns im dichten „Dschungel" bunte Schmetterlinge um die Nase flattern.

Noch viel mehr Tiere bevölkern den **„Südenstadtpark"**, der 1934 als Tier- und Pflanzengarten angelegt und nach starken Kriegsschäden bis 1950 als Tierpark wieder aufgebaut wurde.

Bärenbrunnen? Ja, passt!

Als Großstadt mit rund 180.000 Einwohnern ist in Hamm natürlich das ganze Jahr über etwas los. Ein Blick in den prall gefüllten Veranstaltungskalender lohnt sich, denn es gibt viele Märkte wie **„Hamms Bunter Herbst"** und Festivals wie das **„Kulturfest h4"** mit einem breit gefächerten Musikprogramm oder das **„PüttStock Festvial"**, das eher für Freunde des harten Rock gedacht ist. Der schon erwähnte Oberbrandmeister Stuniken wird auch jedes Jahr geehrt: Auf dem **Marktplatz** steigt jedes Jahr der Stunikenmarkt mit einer Kirmes der Extraklasse.

Perfekte Weitsicht von der Halde Hoheward

Tour 20

Länge 22 km

LANDMARKEN

Rundtour Gelsenkirchen über Hochlarmark und Herne-Crange

Wer bei dieser Radrunde keinen „Überblick" bekommt, ist selber schuld. Gleich an mehreren Stellen haben wir die Möglichkeit, auf eine Halde zu steigen und unsere Blicke weit über das Revier schweifen zu lassen. Tolle Radwege bringen uns von einem Highlight zum anderen und zwischendurch könnten wir uns auf eine Weltreise in der Zoom Erlebniswelt begeben.

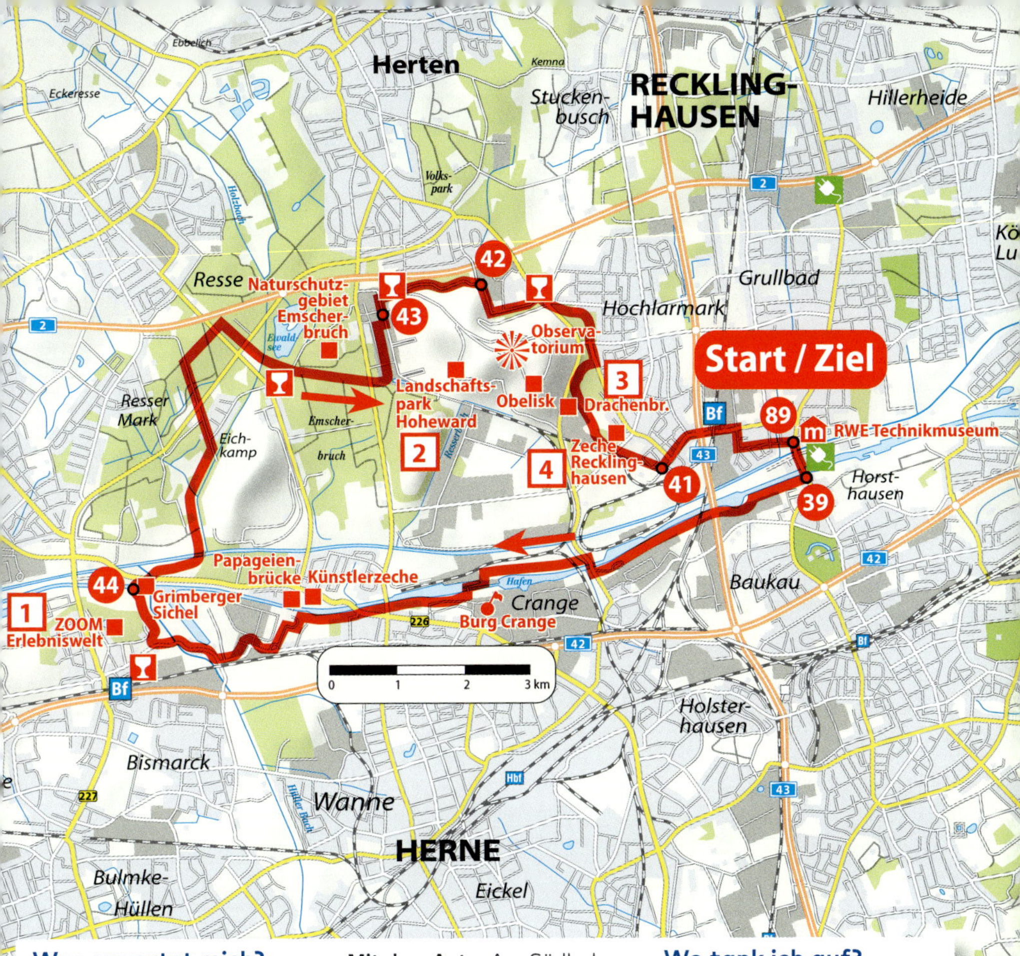

Was erwartet mich?

22 km, etwas hügelige Tour auf einem Mix von Straßen, asphaltierten Wirtschaftswegen, naturbelassenen Wegen und Pfaden – zum Teil beschildert mit Knotenpunkten sowie als Route der Industriekultur.

Wie komm ich hin?

ÖPNV: Bahnhof Gelsenkirchen-Zoo

Mit dem Auto: Am Südbahnhof, Recklinghausen

Was muss ich sehen?

1. **Zoom Erlebniswelt** (am besten an einem separatem Tag)
2. **Landschaftspark Hoheward**
3. **Drachenbrücke**
4. **Ehemalige Zeche Recklinghausen II, Schacht 4**

Wo tank ich auf?

Star Chief Diner, Grimbergstraße 14, Gelsenkirchen

Waldhaus Nasip – Fisch & Steakhouse, Wiedehopfstraße 17, Gelsenkirchen (Nähe Ewaldsee)

Café Restaurant am Handweiser, Herner Straße 198, Herten

Steelpark (Biergarten Zeche Ewald), Albert-Einstein-Allee, Herten

Kartentipp: **ADFC Regionalkarte radrevier.ruhr West**

TOURSTART

*Wir starten am Bahnhof Recklinghausen-Süd, den wir nach links verlassen, um an der Hochlarmarckstraße ebenfalls links und wenig später rechts in die Geschwister-Scholl-Straße abzubiegen. Die zweite Straße links in die August-Kaiser- und versetzt geradeaus in die Dunantstraße. Am **Knotenpunkt** 89 rechts und direkt hinter der Brücke (**Knoten** 39) wieder rechts auf den Radweg.*

Unweit unseres Bahnhofs fließt die **Emscher**, die eine unglaubliche Wandlung vollzog: Von der ehemaligen „Kloake des Ruhrgebiets" zum sauberen Fluss an grünen Ufern.

An der Kreuzung zur Bochumer Straße (**Knoten** 89) erhebt sich das 1928 in Betrieb genommene ehemalige **Umspannwerk Recklinghausen**. Nachdem einige Räume frei wurden, konnte hier das größte Elektrizitätsmuseum Deutschlands namens „RWE-Technikmuseum Strom und Leben" untergebracht werden.

Nun folgen wir dem Kanalufer, wobei wir hinter dem Kraftwerk auf die andere Seite und wenig später über die Schleuse Wanne-Eickel nochmals das Ufer wechseln müssen.

Die Natur erobert den Malakowturm zurück

Neben den Ruinen der Burg Crange wurden im 16. Jh. jedes Jahr am Laurentiustag Wildpferde verkauft. Keiner wusste, dass sich daraus ab 1703 die **Cranger Kirmes** entwickeln würde. Mehr als 4 Millionen Besucher strömen im August aus allen Ecken des Landes „nach Crange" und machen es zum größten Volksfest von NRW.

Es geht weiter entlang des Rhein-Herne-Kanals bis zur Papageienbrücke. Hier radeln wir links vom Wasser weg, an der querenden Belgorodstraße rechts und direkt links in die Alleestraße.

Die Halde „**Unser Fritz V**" legt Zeugnis ab über das gleichnamige Bergwerk, was in der zweiten Hälfte des 19. Jh. zu den wichtigsten Zechen des Reviers gehörte. Kaiser Friedrich III. wurde damals zum Namensgeber der Anlage. Die Waschkaue, in der sich die Kumpels einst vom Kohlenstaub säuberten, dient heute mehreren Künstlern als Atelier. Daher wird hier von der „**Künstlerzeche**" gesprochen.

Tour 20

Ausflug in ferne Welten erleben wir in der ZOOM Erlebniswelt

Der Name der **Papageienbrücke** ist selbsterklärend: Die filigrane Stahlkonstruktion wurde in schillernden Farben lackiert.

An der Schloßstraße rechts, am Kreisverkehr geradeaus und direkt links in den Ginsterweg, dann rollen wir nach rechts zwischen Hafenbecken und Zoom Erlebniswelt entlang.

Die 1 **ZOOM Erlebniswelt** wurde 1949 als Ruhr-Zoo gegründet und erhielt ab 2004 eine grundlegende Umgestaltung. Mehr als 900 Tiere aus 100 verschiedenen Arten begrüßen uns auf den „drei Kontinenten" Alaska, Afrika und Asien. Mit Booten und auf Rundwegen gelangen wir rasch von einem Erlebnis zum nächsten.

Direkt neben dem Zoo-Eingang erhebt sich die **Bleckkirche**. Der katholische Graf von Nesselrode ließ das Gotteshaus 1735 für seine evangelischen Bürger auf einer Anhöhe erbauten.

Von hier führt ein Abstecher in die Innenstadt, zu der es im **Ortsportrait Gelsenkirchen** (siehe S. 150) mehr Informationen gibt.

Am Ufer des Rhein-Herne-Kanals entlang erreichen wir mit einem kleinen Abstecher den **Nordsternpark**. Auch hier wurde das Gelände einer ehemaligen Zeche im Zuge einer Landesgartenschau zu einer blühenden und grünen Oase. Eine atemberaubend schöne **Doppelbogen-Hängebrücke** verbindet beide Ufer miteinander.

Im Angesicht des Drachens

*Mit einem schwungvollen Bogen überquert der Radweg hinter dem **Knoten** 44 den Kanal. Dahinter geht's links unter der B226 her und am Parkplatz vorbei.*

Die 2009 fertiggestellte „**Grimberger Sichel**" ist mit einer Spannweite von 141 m eine der schönsten Brücken des Ruhrgebiets.

*Wir folgen nun den Schildern zum **Knotenpunkt** 43.*

Eine etwas andere Landmarke ist die **Zentraldeponie Emscherbruch**. Sie wurde 1968 auf dem Gelände der zwei Jahre zuvor stillgelegten Steinkohlen-Zeche Graf Bismarck in Gelsenkirchen angelegt. Damals war es deutschlandweit die erste geordnete Deponie.

Dicht bewaldet präsentiert sich das **Naturschutzgebiet Emscherbruch**. Rund 38 ha sorgen dafür, dass die Luft im Ruhrgebiet einigermaßen gefiltert wird.

Als die A2 erbaut wurde, benötigte man große Mengen an Baustoffen, die man praktischerweise direkt hier in der Erde fand. Nachdem die benachbarte Zeche stillgelegt wurde, konnte sich der **Ewaldsee** ungestört zu einem Refugium für Mensch, Tier und Pflanzen entwickeln.

*Vom **Knoten** 43 fahren wir weiter über den **Knotenpunkt** 42 zur 41.*

Reisemobilstellplätze an oder nahe der Route

Reisemobilstellplatz Wittringer Wald, Bohmertstraße 131, Gladbeck (außerhalb der Karte)

Wohnmobilstellplatz Essen, Baedeckerstraße 5, Essen (außerhalb der Karte)

E-Bike Ladestationen an oder nahe der Route

RWE-eBikeStation, Herner Straße, Recklinghausen-Hochlarmark

Museum Strom und Leben Umspannwerk, Stadthafen Recklinghausen

Neben uns erhebt sich der 2 **Landschaftspark Hoheward**, eine der eindrucksvollsten Halden des Ruhrgebiets. Der Aushub aus drei Zechen sorgte für diese Landmarke, die an der höchsten Stelle 152,5 m ü.n.N. misst. Eine um den Berg herumlaufende Promenade erschließt mehrere Aussichtspunkte, die sogenannten **„Balkone"** 1 bis 10. Von ganz oben haben wir die beste Fernsicht und entdecken auf dem Plateau das **„Horizontobservatorium"** mit einem Durchmesser von 88 m und zwei filigranen Bögen. Gut kann man sich vorstellen, dass man bei der Erbauung Anleihen an berühmte Steinkreise wie z.B. Stonehenge nahm. Zur Winter- oder Sommersonnenwende, aber auch zu Mondwenden pilgern wir hier hinauf, um das Firmament zu beobachten.

Auf der Halde befindet sich auch noch eine überdimensionale Sonnenuhr mit einem 8,50 m hohen **Obelisk**, der Kugel, die er auf der Spitze balanciert, die Uhrzeit verrät.

Relikte aus goldenen (oder schwarzen?) Zeiten

Rechts neben uns liegt die **„Dreieck-Siedlung Hochlarmark"**. Sie erhielt ihren Namen durch die Straßen, die man dreieckig um einen Platz anlegte.

Die 3 **Drachenbrücke** erkennen wir sofort: Das „Gerippe" des Drachens überspannt auf 165 m die Straße, während uns der Kopf des Drachen aus eindrucksvollen 18 m Höhe ansieht.

Der erste Schacht der ehemaligen 4 **Zeche Recklinghausen** wurde ab 1869 abgeteuft, d.h. erschlossen. Hoch erhebt sich das Fördergerüst, zu seinen Füßen stehen noch die Dampffördermaschine, Verwaltungs- und Kauenhäuser.

Die Halde Recklinghausen liegt links neben uns, wenn wir die Wanner Straße geradeaus überqueren. Am ***Knoten*** *41 zweigen wir links ab in die Hochlarmarckstraße. Diese bringt uns in wenigen Minuten zurück zum Bahnhof Recklinghausen-Süd, wo die Radrunde endet.*

Ganz in der Nähe liegt der „**Steinpark Recklinghausen-Hochlarmark**", der mit künstlerisch verlegten Steinen gestaltet wurde.

Sicherlich wird kaum etwas so eng mit der Stadt Gelsenkirchen in Verbindung gebracht wie der FC Schalke 04. Und wenn wir die Stadt besuchen, werden wir es feststellen. „Schalke" ist mehr als „nur" ein Sportverein mit rund 178.000 Mitgliedern: Schalke ist eine Art Religion. Nun sollte man weder über Politik noch über Fußball etwas schreiben, denn beides polarisiert zu sehr.

Also widmen wir uns der Stadt selbst, die über eine Viertelmillionen Einwohner zählt und auf eine lange Geschichte zurückblickt. Nördlich der Emscher siedelten unsere Vorfahren bereits zur Bronzezeit und die ältesten Urkunden der Stadt stammen aus dem Jahre 1003. Einen echten Boom erlebte die Stadt, wie alle anderen Metropolen des Reviers, durch die industrielle Revolution ab der Mitte des 19. Jhds. Aus dem eher landwirtschaftlich geprägten Ort wurde fast über Nacht eine der wichtigsten Städte des Landes, was man mit der Verleihung der Stadtrechte im Jahre 1875 entsprechend würdigte. Ziemlich genau 3 Jahre zuvor hatte Friedrich Grillo den Schalker Gruben- und Hüttenverein gegründet, gefolgt von der AG für chemische Industrie und der Glas- und Spiegel-Manufaktur AG. Im Ortsteil Scholven wuchs ab 1930 ein Hydrierwerk und im Stadtteil Horst die Gelsenberg Benzin AG heran, in denen aus Kohle Benzin produziert wurde. Die Großbetriebe gibt es bis heute und sie firmieren unter dem Namen BP Gelsenkirchen.

Die Betriebe brauchten Arbeiter und die Arbeiter brauchten für sich und ihre Familien Wohnungen und Infrastruktur. So wurde der Hauptbahnhof 1907 komplett neu gebaut, weil der alte Bahnhof den Menschenmassen nicht mehr gewachsen war. Die Montan- und die Chemieindustrie des Ruhrgebiets galten als „kriegsentscheidend", denn überall im Revier, so auch hier, wurden Rüstungsgüter für den Zweiten Weltkrieg produziert. Damit teilt Gelsenkirchen das Schicksal aller Ruhrgebietsstädte: Sie wurde im Bombenhagel

Auch in Gelsenkirchen locken die Halden mit phänomenalen Aussichten

der Alliierten dem Erdboden gleich gemacht. Nach dem Krieg erfolgte ein rascher Wiederaufbau, was nicht immer städtebauliche Schönheiten hervorbrachte. Aber die Kokerei Hassel war die erste, die 1953 wieder den Betrieb aufnahm und damit wesentlich zum Wirtschaftswunder beitrug. Gefolgt wurde diese Epoche vom Strukturwandel des Reviers, dem 1999 auch die Kokerei zum Opfer fiel.

Ein sichtbares Zeichen für den Wandel des Reviers ist die **Zeche Nordstern**, in der schon lange kein schwarzes Gold mehr gefördert wird. Dafür aber entstanden rund herum viele neue Arbeitsplätze und ein wunderbares Naherholungsgebiet mit einer Veranstaltungsfläche direkt am Kanal und vielen Einrichtungen zum Relaxen und Spielen – nicht umsonst war der Nordsternpark 1997 Schauplatz der Bundesgartenschau.

Rund um die Zeche Nordstern entstand ein toller Freizeitpark

Ebenfalls überregional bekannt ist die **ZOOM Erlebniswelt**. Der ehemalige Ruhrzoo wurde zu einer einzigartigen Oase für Tiere und Menschen umgebaut, so dass wir uns durch verschiedene Kontinente bewegen und Tiere in ihrem natürlichen Lebensraum beobachten können.

In der Innenstadt fällt uns vor allem das **Hand-Sachs-Haus** ins Auge. Das wuchtige Backstein-Gebäude wurde im Bauhaus-Stil geplant und erhielt im Innern das weltweit vermutlich erste Farbleitsystem. Weitere Gebäude der City wurden eher zweckmäßig erbaut, bekamen aber eine schmucke Fassade aus Backstein spendiert.

Von den vielen Gotteshäusern Gelsenkirchens ist die in den 1950er Jahren erbaute evangelische **Altstadtkirche** eins der außergewöhnlichsten. Vor allem der luftig-leicht wirkende Turm

gilt als ein Wahrzeichen der Stadt. Unter Denkmalschutz steht auch die **Friedenskirche**, die ebenfalls in den 1950er Jahren auf Schalke entstand und mit einem ovalen Grundriss auch nicht wirklich alltäglich ist.

Eine ganze Reihe von ehemaligen Industriebauten wurden ebenfalls in die Gegenwart gerettet und dienen nun unterschiedlichen Zwecken. Dazu zählen mehrere Fördergerüste, die weithin sichtbar sind, einige alte Zechengebäude, das einstige **Bahnbetriebswerk** mit seinem **Ringlokschuppen** und das ehemalige **Bahnwärterhaus**, auf dem **„Hugo Bahn"** zu lesen ist.

Und noch etwas vereint Gelesenkirchen mit den anderen Revierstädten: Die Metropole ist unglaublich „grün": Viele Parks, Grünanlagen sowie weite Wald- und Wiesenflächen zählen zum Stadtgebiet. Viele dieser grünen Lungen werden wir auf unseren Radtouren kennenlernen.

Relaxen im Nordsternpark

Bild links oben:
Auf Safari in der
Zoom Erlebniswelt

Bild links unten:
Die Altstadtkirche ist alles
außer gewöhnlich!

Schwungvoll über die Erzbahnschwinge

Tour 21
Länge 27 km

FRÜHER DAS ERZ, HEUTE DIE RADLER

Streckentour von Bochum über Wattenscheid nach Recklinghausen

Der „Radweg Erzbahntrasse" bildet das Herzstück dieser ereignisreichen Streckentour, die uns einmal von Süd nach Nord durch das Revier begleitet. Die Radl-Bedingungen sind ideal, denn auf der ehemaligen steigungsfreien Bahntrasse stört uns kein Autoverkehr. Warum also nicht auf derselben Strecke wieder retour radeln?

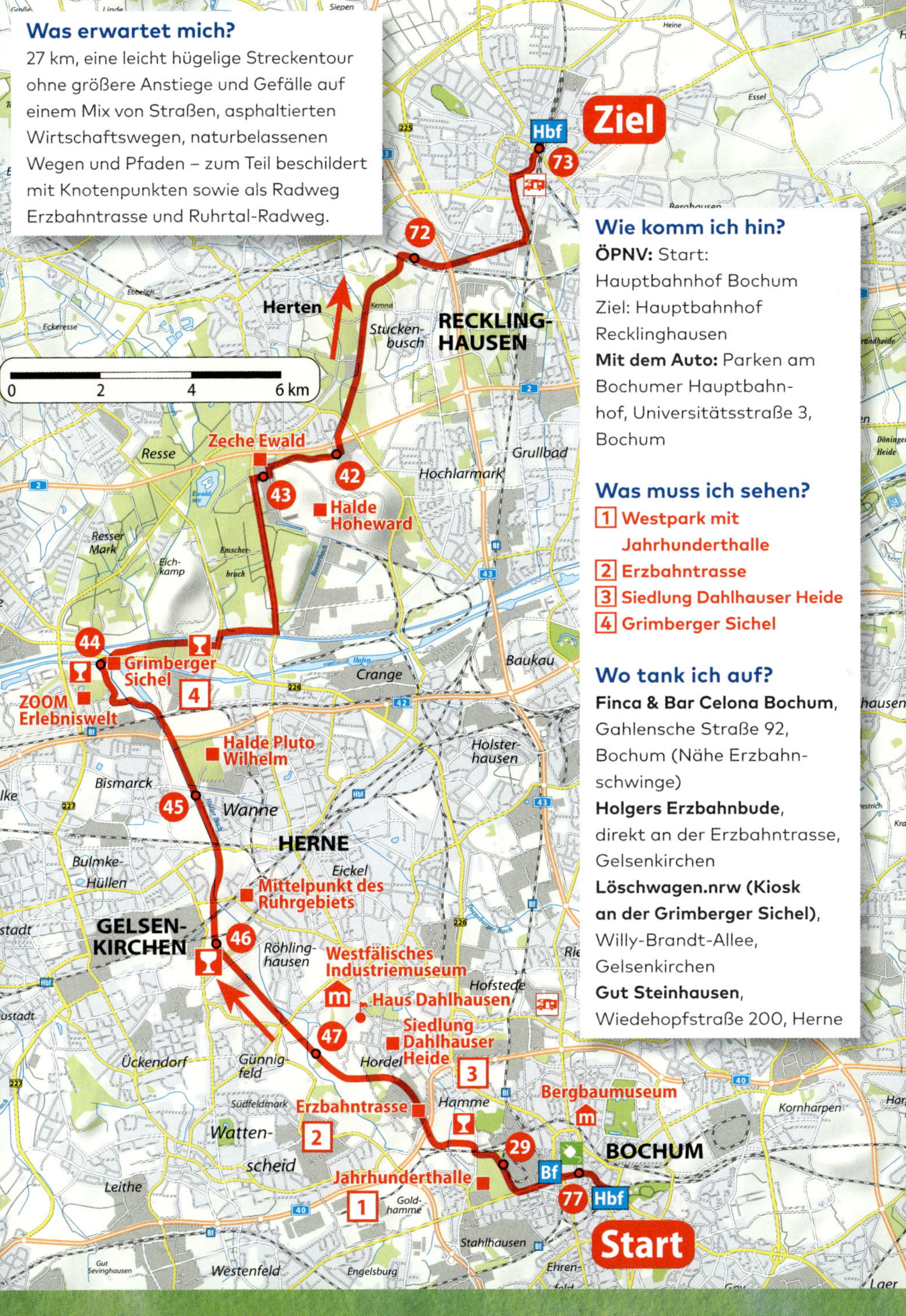

Was erwartet mich?

27 km, eine leicht hügelige Streckentour ohne größere Anstiege und Gefälle auf einem Mix von Straßen, asphaltierten Wirtschaftswegen, naturbelassenen Wegen und Pfaden – zum Teil beschildert mit Knotenpunkten sowie als Radweg Erzbahntrasse und Ruhrtal-Radweg.

Wie komm ich hin?

ÖPNV: Start: Hauptbahnhof Bochum
Ziel: Hauptbahnhof Recklinghausen

Mit dem Auto: Parken am Bochumer Hauptbahnhof, Universitätsstraße 3, Bochum

Was muss ich sehen?

1 **Westpark mit Jahrhunderthalle**
2 **Erzbahntrasse**
3 **Siedlung Dahlhauser Heide**
4 **Grimberger Sichel**

Wo tank ich auf?

Finca & Bar Celona Bochum, Gahlensche Straße 92, Bochum (Nähe Erzbahnschwinge)

Holgers Erzbahnbude, direkt an der Erzbahntrasse, Gelsenkirchen

Löschwagen.nrw (Kiosk an der Grimberger Sichel), Willy-Brandt-Allee, Gelsenkirchen

Gut Steinhausen, Wiedehopfstraße 200, Herne

Kartentipp: **ADFC Regionalkarte radrevier.ruhr West + radrevier.ruhr Ost**

TOURSTART

*Wir starten am Hauptbahnhof von Bochum, den wir nach rechts zur großen Ampelkreuzung verlassen, wo wir links in die Massenbergstraße einbiegen. Diese geht in die Bongardstraße über und vollzieht eine Linkskurve. Nun immer geradeaus über Willy-Brandt-Platz (**Knotenpunkt** 77) und Alleestraße. An der Straßenbahnhaltestelle hinter dem Stahlwerk rechts in den Radweg, der uns durch den Westpark führt. Am **Knotenpunkt** 29 geradeaus.*

Der 1 **Westpark** ist eine wunderbare Symbiose aus historischen Industriegebäuden, weitläufigem Grün, Gärten, Wäldern und Wasserflächen. Inmitten der Oase erheben sich der markante **Wasserturm**, eine Graffitiwand und die 1 **Jahrhunderthalle**. Diese wurde 1902 in Düsseldorf als Ausstellungshalle für die Industrie- und Gewerbeschau erbaut. Dabei war bereits in Planung, die Halle nach der Messe hierher nach Bochum zu verlegen, um sie als Gebläsehalle für die Hochöfen des Bochumer Gussstahlwerks zu nutzen. Inzwischen wurde sie zur Veranstaltungshalle für Konzerte, Messen und der überregional bekannten Ruhrtriennale. Die atemberaubende **Erzbahnschwinge** geleitet uns auf die Erzbahntrasse. Etwas nördlich liegt das **Bergbaumuseum Bochum**. Auf 12.000 qm vermittelt es uns die beschwerliche und einst wirtschaftlich bedeutende Arbeit unter Tage. Hier können wir unter Tage in ein Schaubergwerk fahren und uns in die schwindelerregenden Höhen des Förderturms begeben.

Vergangenheit erhalten: Im Bergbaumuseum...

Noch vor den Bahnanlagen erreichen wir den Radweg Erzbahntrasse, dem wir nach links folgen.

Im Jahre 2009 wurde die 9 km lange 2 **Erzbahntrasse** auf jener Eisenbahnstrecke eingerichtet, von der einst die Hochöfen Bochums versorgt wurden.

*Herrlich: Wir radeln komplett auto- und steigungsfrei auf dem Radweg Erzbahntrasse, wobei es beim **Knotenpunkt** 47 weiter geradeaus geht.*

...und in der Jahrhunderthalle

Am **Knoten** 47 lockt ein kleiner Abstecher nach rechts: Das Landgut **Haus Dahlhausen** steht unter Denkmalschutz und auf den Ländereien entstand die 3 **Siedlung Dahlhauser Heide**, die ab 1906 als Wohnstätte für die Arbeiter der nahe gelegenen Krupp-Zechen Hannover und Hannibal diente. Bis heute konnte sich der Charme der Häuser, die meist als Zweifamilienhaus mit Wohnküche und Wohnzimmer ausgeführt und mit Fachwerk-Fassaden versehen wurden, erhalten. Auffällig sind die teils verwinkelten Straßen, die eine Orientierung schwer machen. Meist an Kreuzungen gelegen waren die **„Steigerhäuser"**, in denen es zusätzliche Zimmer gab.

Die **Zeche Hannover** unterhielt bis zu 6 Schächte, für die 1973 das Aus kam. Die noch vorhandenen Gebäude Malakowturm, Fördermaschine, Fördergestell oder Grubenlüfter werden als **Westfälisches Industriemuseum** gepflegt.

*Die Erzbahntrasse vereinigt sich bei **Knoten** 46 mit dem Bahntrassen-Radweg der ehemaligen Kray-Wanner-Bahn und ist auch als „Deutsche Fußballroute NRW" gekennzeichnet.*

Genau dort, wo Holgers Erzbahnbude zu einem Stopp verführt, trifft der Bahntrassen-Radweg der

Reisemobilstellplätze an oder nahe der Route

Premium-Stellplatz „Glück Auf", Hofsteder Straße 250, Bochum

Wohnmobilstellplatz Recklinghausen, Rathausplatz 1, Recklinghausen

E-Bike Ladestationen an oder nahe der Route

Parkhaus P3 am Rathaus, Bochum

Parkhaus P1, Husemannplatz, Bochum

ehemaligen **Kray-Wanner-Bahn** auf unsere Trasse. Diese wurde 1874 in Betrieb genommen, um Güter zwischen den Bahnhöfen Kray und Wanne zu transportieren. Inzwischen verläuft auf dieser Trasse ein Radweg, der Anschluss an den **Alma-Radweg** hat, welcher einst als Bahnstrecke zur **Zeche Alma** führte.

Hinter Brücke 9 rollen wir am **Landschaftspark Pluto V** vorbei. Die hier geschützte Landschaft erinnert vom Namen her daran, dass die Zeche Pluto hier ab 1857 mit 7 Schächten Bodenschätze zu Tage förderte.

Übrigens: Ganz in der Nähe unserer tollen Trasse liegt der **Mittelpunkt des Ruhrgebiets**! Ein kleiner Stein vor einem Gartenzaun mit einem Blech-Pfeil weist in der Rolandstraße zwischen den Hausnummern 49 und 51 auf exakt diese Stelle hin.

*Die Tour führt auch bei **Knotenpunkt** 45 weiter über die Erzbahntrasse.*

Die Erzbahnbrücken 13 und 14 kündigen das baldige Ende der Strecke an. Linkerhand liegen weitere Bereiche der Zeche Pluto, zu der auch die **Halde Pluto-Wilhelm** gehörte.

Zur Abwechslung verläuft unsere Trasse mal unter einer Brücke her – oben tobt der Verkehr auf der A42. Wenig später geht´s unter der Emschertalbahn her, ehe wir den Hafen erreichen, den **Hüller Bach** überqueren und um die **ZOOM Erlebniswelt** rollen.

*Der Radweg umkurvt geschickt den Grimberger Hafen und leitet uns an der ZOOM Erlebniswelt vorbei. Am **Knoten** 44 radeln wir geradeaus über den Kanal hinweg und folgen den Schildern zum **Knoten** 43.*

Den Rhein-Herne-Kanal überqueren wir auf der 4 **„Grimberger Sichel"**. Die Streckenplaner haben unseren Radweg hier über eine architektonisch ausgefallene und gleichsam schwungvolle Brücke geführt.

Hinter dem Rhein-Herne-Kanal folgen wir ein Stück der **Emscher**, die einst als „Kloake des Ruhrgebiets" galt und heute dank aufwändiger Naturierungsarbeiten wieder ein ansehnlicher Fluss ist.

Links neben uns liegt das Gelände der ehemaligen **Zeche Ewald**, die zwischen 1877 und 2001 in Betrieb war. Einige Gebäude wurden als Denkmal erhalten, wie das stattliche **Verwaltungsgebäude**, die Kaue, der

Mit der Grimberger Sichel über den Rhein-Herne-Kanal

Malkowturm oder einige Maschinenhäuser. Ein herrliches Ambiente bietet die ehemalige Heizzentrale. Hier wurde der **Revue Palast Ruhr** untergebracht, ein Theater mit 290 Sitzplätzen. Besonders spannend ist die **„Untertagebar"**, in der 90 Gäste Platz finden.

Rechterhand erhebt sich die **Halde Hoheward**, der wir uns bei Tour 20 bereits ausführlich gewidmet haben.

Vom ***Knoten*** *43 radeln wir weiter zur 42, wo wir links auf die ehemalige Bahntrasse und bei* ***Knotenpunkt*** *72 rechts auf die nächste Bahntrasse einbiegen.*

Der herrliche Radweg auf der ehemaligen **Zechenbahntrasse** wird als „Allee des Wandels" bezeichnet. Viele der ehemaligen Brücken konnten erhalten werden, wie die einstige **Eisenbahnbrücke Holzheide**.

Vom ***Knoten*** *72 folgen wir den Schildern zur 73 und beenden unsere Tour am Recklinghäuser Hauptbahnhof.*

Bevor wir mit der Bahn retour rollen, widmen wir uns der Innenstadt von Recklinghausen, das um 800 aus einem karolingischen Königshof hervor ging. Doch erst ab 1869 sorgte der Bergbau für eine Blütezeit. Die **Altstadt** empfängt uns mit Häusern aus der **Gründerzeit** und einigen Fachwerkfassaden.

Historischer und moderner Brückenbau

SPRINGLEBENDIG RADELN AUF DEM SPRINGORUM

Rundtour von Bochum über Hattingen

Bei dieser Runde starten wir im Herzen Bochums und rollen wenige Minuten später auf der idealen Trasse des Springorum-Radwegs hinunter zur Ruhr. Dort entführt uns das Eisenbahnmuseum von Dahlhausen in die Historie des Schienenverkehrs. Auf dem beliebten Ruhrtal-Radweg geht´s dann zum Kemnader See und am kleinen Oelbach wieder retour.

Was erwartet mich?

40 km, eine hügelige Rundtour mit mehreren kleinen Anstiegen und Gefällstrecken auf einem Mix von Straßen, asphaltierten Wirtschaftswegen, naturbelassenen Wegen und Pfaden – zum Teil beschildert mit Knotenpunkten sowie als Springorum-Trasse, Ruhrtal-Radweg und Eselohren.

Wie komm ich hin?

ÖPNV: Hauptbahnhof Bochum

Mit dem Auto: Parkplatz Kreuzstraße (ggf. keine Dachträger!), Kreuzstraße, Bochum

Was muss ich sehen?

1 Herrenhaus Weitmar
2 Eisenbahnmuseum Bochum
3 Isenburg
4 Kemnader See

Wo tank ich auf?

Bäckerei Naber, Dr.-C.-Otto-Straße 127, Bochum-Dahlhausen

Ruhr-Bodega „La Posta", Ruhrmühle 2, Bochum

Ruhr-Café, Bahnhofstraße 73A, Hattingen

Kemnader Seeterrasse, Oveneystraße 69, Bochum-Kemnader See

StrandDeck, Blumenau 7a, Bochum-Kemnader See

Restaurant Femlinde, Liebfrauenstraße 36, Bochum

Kartentipp: **ADFC Regionalkarten radrevier.ruhr West + radrevier.ruhr Ost**

TOURSTART

Wir starten am Hauptbahnhof Bochum, den wir über den Vorplatz zur Universitätsstraße verlassen und dort links auf dem Radweg entlang fahren.

Die Universitätsstraße teilt sich – genau in der Mitte der Fahrspuren reckt sich das **Exzenterhaus** fast 90 m in die Höhe. Wenn wir genau hinsehen, entdecken wir unten den 22 m hohen, 1942 erbauten Luftschutzbunker, auf den die 15 Etagen des Hochhauses aufgesetzt wurden.

*Direkt hinter dem Gebäude der BGW (Berufsgenossenschaft für Gesundheitsdienst und Wohlfahrtspflege) zweigen wir auf dem kleinen Weg schräg rechts ab. Den querenden Waldring überqueren wir geradeaus in den Radweg hinein und folgen dem kreuzenden Springorum-Radweg (**Wegepunkt ❶**) nach rechts. Der Radweg verläuft komplett autofrei. Nachdem wir die Autobahn überquert haben, beginnt die Abfahrt.*

Der **Springorum-Radweg** verläuft über 10 km auf einer ehemaligen Bahntrasse und erfreut sich bei Pendlern und Ausflüglern gleichermaßen großer Beliebtheit.
Eine blau getünchte **Brücke** überquert die A448 und ist nur Radlern und Fußgängern vorbehalten.

*Bei einem Gewerbegebiet vollzieht der Springorum-Radweg einen kleinen Schlenker. Kurz darauf an der dreieckigen Radwege-Kreuzung links, unter der Landstraße her, hinter dem Tunnel links (**Wegepunkt ❷**) und kurz darauf rechts, um auf dem Springorum-Radweg zu bleiben.*

Aus den Ruinen erwächst der Kubus

Der **Tunnel „Hattinger Straße"** sieht fast so aus wie eine Zielscheibe – auch wenn es hier viel Stahlbeton gibt.

Hinter dem Tunnel passieren wir die Schlossbrücke.

Direkt neben der **Schlossbrücke** erstreckt sich ein Park mit vielen uralten Bäumen, die unter Schutz gestellt wurden. Aus dem einstigen Rittergut Weitmar entwickelte sich das 1943 bei einem Fliegerangriff zerstörte **1 Herrenhaus Weitmar**. Die Ruinen wurden als Kulisse für einen Kubus genutzt, in dem nun ein Kunstmuseum untergebracht ist.

Einzigartig:
Das Eisenbahnmuseum

Eine entspannte Abfahrt bringt uns hinunter nach Bochum-Dahlhausen, wo wir im Kreisel bei ***Knotenpunkt*** *28 links in die Lewackerstraße abbiegen und hinter der Ruhr bei* ***Knoten*** *27 links dem Ruhrtal-Radweg folgen.*

Einen Besuch wert ist das 2 **Eisenbahnmuseum Bochum**. Rund um das letzte vollständig erhaltene Dampflokbetriebswerk im Ruhrgebiet gibt es mehr als 150 Dampf- und Dieselloks, Waggons, Wasserturm, Signal- und Stellwerksanlagen, einen Ringlokschuppen mit Drehscheibe und vieles mehr zu entdecken.

Ein Stück flussabwärts vor uns liegt die **Schleuse Dahlhausen**, die 1774 / 1775 zunächst aus Holz erbaut wurde. Bei der Schleuse liegen **Haus Horst**, das 1050 als Rittersitz in die Geschichte einging, und die **Horster Mühle**. 1175 wurde Horst Dinnendahl als Sohn des hiesigen Müllers geboren. Er baute 1803 in Essen die erste Dampfmaschine des Ruhrgebiets.

Der Ruhrtal-Radweg geleitet uns stets am Wasser entlang auf besten Wegen nach Hattingen. Zwischendurch radeln wir an den ***Knoten*** *26 und 25 geradeaus.*

Wenn wir von der Schwimmbrücke aus den Schildern in den Essener Ortsteil Burgaltendorf folgen, erreichen wir die gleichnamige Burg. Mit den E-Bikes haben wir die wenigen Höhenmeter rasch erklommen. Oben erwartet uns eine **Burgruine**, von der vor allem der ehemalige Wohnturm noch bestens erhalten ist.

Hoch über der Ruhr thront die Isenburg

Rechts neben uns thront die Ruine der 3 **Isenburg** auf einem Felssporn namens Isenberg. In einer spektakulären Lage über der Ruhrschleife wurde die Anlage zwischen 1193 und 1999 errichtet. Die Freude währte nicht lang: Schon 1225 wurde die Burg wieder zerstört.

Die sehenswerte Innenstadt von Hattingen (Ruhr) heben wir uns für Tour 29 auf.

Der Ruhrtal-Radweg verlässt Hattingen über den Leinpfad am Wasser entlang. Am ***Knotenpunkt*** *78 geradeaus, ein paar Minuten später geht es in einer Schleife mit der Brücke über die Ruhr.*

Rechterhand erhebt sich die **Henrichshütte**, die wir uns bei der nächsten Tour genauer ansehen werden.

Auch am anderen Ufer folgen wir dem Fernradweg, der sich ans Ufer des Kemnader Sees schmiegt. Am Ende des Sees biegen wir am ***Knoten*** *24 links ab und rollen auf dem nächsten perfekten Radweg (Eselohren / Parkway EmscherRuhr) in Richtung Bochum-Laer an einigen Seen und am Oelbach vorbei, ehe es deutlich bergauf geht.*

Direkt am Radweg liegt die ehemalige **Zeche Gibraltar**, in der von 1786 bis 1925 Steinkohle gefördert wurde. Eine Gedenktafel erinnert daran, dass die Nazis hier einen Folterraum und eine Außenstelle des KZ Bochum einrichteten.

Der 4 **Kemnader See** ist der jüngste in der Seenkette des Ruhrtals. Das 3,5 km lange und bis zu 430 m breite Becken wurde in den 1920er Jahren geplant, aber erst 50 Jahre später realisiert.

Linkerhand erspähen wir durch die Bäume den **Hof Schulte-Overberg**, der einst der größte Hof in der hiesigen Bauernschaft war. Dann entdecken wir neben uns einige künstlich angelegte **Wasserfälle**. Sie werden vom **Oelbach** gespeist, der einst mehrere Wasserräder antrieb.

Reisemobilstellplätze an oder nahe der Route

Premium-Stellplatz „Glück Auf", Hofsteder Straße 250, Bochum

Wasserfreunde Ruhrmühle e.V. Bochum, Ruhrmühle 2, Bochum

Campingplatz „An der Kost", An der Kost 18, Hattingen

Wohnmobilstellplatz Ruhrtal, Ruhrdeich 24, Hattingen

Campingplatz Ruhrbrücke, Ruhrstraße 6, Hattingen

Wohnmobilstellplatz Landhaus Grum, Leinpfad, Hattingen

Am Kemnader See werden wir bestimmt nicht alleine sein!

*Der Radweg vollzieht eine Rechtskurve, dann zweigen wir links ab (**Wegepunkt ❸**) und queren die Universitätsstraße geradeaus, um am Haus Heven vorbei zu radeln.*

Haus Heven wird heute als Bauernhof genutzt und ist in privatem Besitz. Die Geschichte reicht zurück ins 11. Jh., als es hier schon einen Hof gab, der zum Kloster Werden gehörte.

*Nachdem wir die A448 und direkt dahinter eine Landstraße unterquert haben, radeln wir weiter bergan auf der Alten Wittener Straße und folgen den Schildern zum **Knotenpunkt** ⑳.*

Die Alte Wittener Straße verläuft auf historischem Boden und folgt den Spuren einer **Alten Fernstraße**, die einst von Aachen quer durch Deutschland bis Königsberg führte.

In Bochum-Laer können wir uns die stattliche Wasserburg **Haus Laer** ansehen. Inmitten von viel Grün und Wasser erhebt sich das Anwesen, dessen obere Etagen in Fachwerk ausgeführt wurden.

*Am **Knoten** ⑳ biegen wir links in die Straße „Feldmark", radeln am Friedhof vorbei und erreichen im Zickzack den **Knoten** ㉑. Wir queren den Lohring und biegen an der Wittener Straße rechts auf den Radweg. Nun nur noch links in die Ferdinandstraße und rechts in die Universitätsstraße, um die Radrunde am Hauptbahnhof zu beenden.*

E-Bike Ladestationen an oder nahe der Route

Parkhaus P3 am Rathaus, Bochum

Parkhaus P1, Husemannplatz, Bochum

BHKM-Ladepunkt, Kemnader Straße 13a, Bochum-Weitmar

Pedelec Tankstelle, Heggerstraße 38, Hattingen

Zeche Nachtigall wird inzwischen als Museum genutzt

Tour 23 Länge 40 km

DIE WIEGE DES RUHRBERGBAUS

Rundtour von Witten über Muttental und Hattingen

Diese Tour ist wirklich etwas besonders, denn sie entführt uns tief in die Industriegeschichte des Ruhrgebiets. Im Muttental lag die Wiege des Bergbaus in der Region. Das gilt auch für die beeindruckende Henrichshütte. Wo einst Stahl hergestellt wurde, können wir uns heute hautnah einen Eindruck von der einst schweren „Maloche" machen.

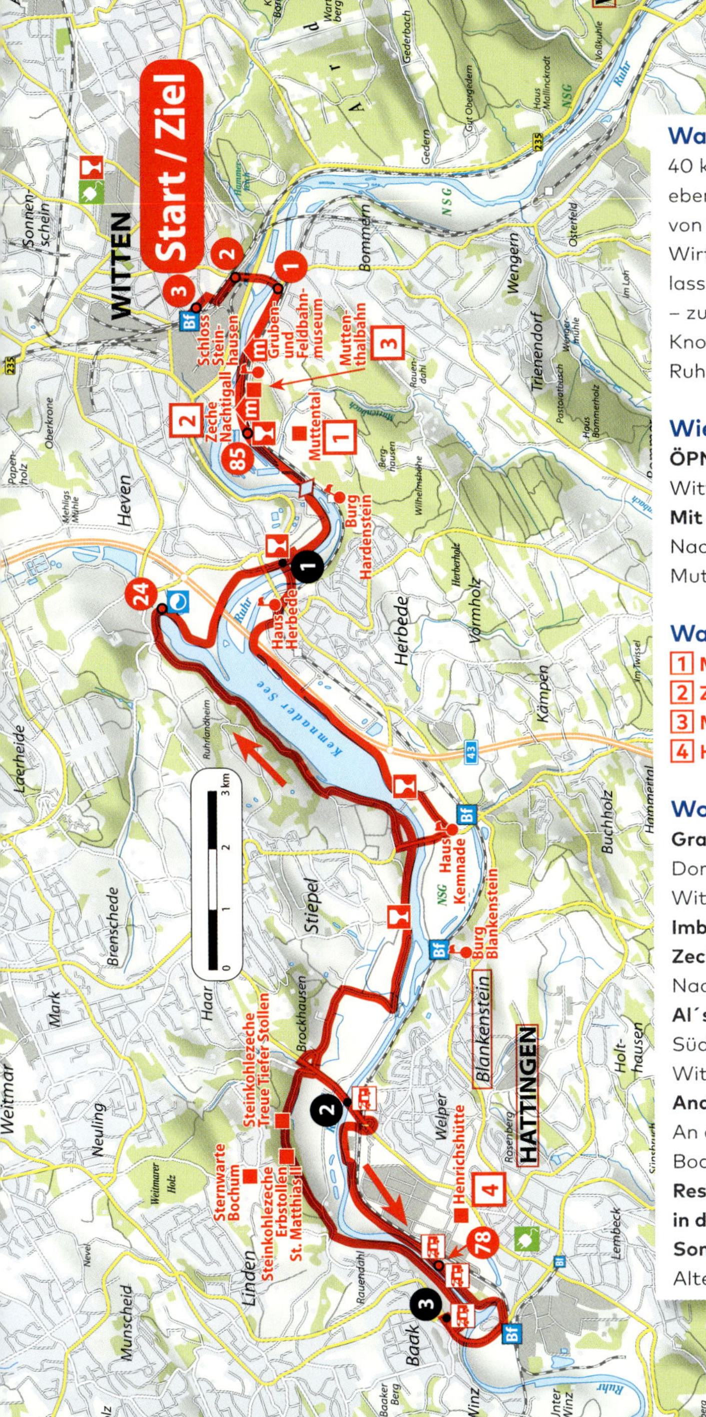

Was erwartet mich?

40 km, eine weitgehend ebene Tour auf einem Mix von Straßen, asphaltierten Wirtschaftswegen, naturbelassenen Wegen und Pfaden – zum Teil beschildert mit Knotenpunkten sowie als Ruhrtal-Radweg.

Wie komm ich hin?

ÖPNV: Hauptbahnhof Witten

Mit dem Auto: Parkplatz Nachtigallstraße, Witten-Muttental

Was muss ich sehen?

1 Muttental
2 Zeche Nachtigall
3 Muttenthalbahn
4 Henrichshütte

Wo tank ich auf?

Graßhoff Backhaus, Dortmunder Straße 51, Witten

Imbiss am LWL-Museum Zeche Nachtigall, Nachtigallstraße 35, Witten

Al´s Dorado See-Kiosk, Südufer Kemnader See, Witten

André´s Alte Fähre, An der Alten Fähre 4, Bochum

Restaurant und Shop in der Privatbrennerei Sonnenschein, Alter Fährweg 8, Witten

Kartentipp: **ADFC Regionalkarte radrevier.ruhr Ost**

TOURSTART

*Wir starten am Hauptbahnhof von Witten (**Knotenpunkt** ❸), den wir nach rechts über die Bergerstraße zum **Knotenpunkt** ❷ verlassen. Hier biegen wir rechts ab und fahren hinter der Ruhrbrücke bei **Knoten** ❶ rechts auf den Ruhrtal-Radweg.*

Links thront **Schloss Steinhausen** hoch über unseren Köpfen. Auf Geheiß des Grafen Dietrich von Altena-Isenberg entstand 1248 eine stattliche Burg, die 1434 von den Dortmundern zerstört wurde. Ab 1529 erfolgte ein Wiederaufbau, der Umbau zum Herrenhaus wurde im Jahre 1810 fertiggestellt.

Über den Ruhrtal-Radweg erreichen wir mit einem kleinen Abstecher die Zeche Nachtigall bzw. das Muttental. Im **1 Muttental** finden wir den bergbaugeschichtlichen Lehrpfad, der uns mit Exponaten und Infotafeln die Augen für die beschwerliche Arbeit unter Tage öffnet. So kommen wir an den Zechen Nachtigall, Herrmann, Maximus und Egbert ebenso vorbei wie an einer Haspelanlage, an der ersten Pferdebahn Europas zum Kohlentransport und am ehemaligen Bethaus der Bergleute.

Die **2 Zeche Nachtigall** gehört als LWL-Museum zur Route der Industriekultur. Von dem ehemaligen Steinkohlebergwerk ist vieles erhalten, so auch eine der ältesten Dampffördermaschinen an der Ruhr. Zwei Bauern aus Herbede waren es, die 1714 beantragten, an dieser Stelle Kohle fördern zu dürfen. Es war nicht nur die Geburtsstunde der Zeche Nachtigall, sondern zugleich der Startschuss für den Kohlenbergbau im Ruhrgebiet. Nachtigall wurde nie größer ausgebaut. Da sich der Bergbau aber nur in großem Stile lohnte, kam schon 1892 das Ende für diese Zeche. Ein ähnliches Schicksal ereilte die Zeche Theresia ganz in der Nähe. Hier stehen die schon erwähnten Waggons des **Gruben- und Feldbahnmuseums**, das 2002 eröffnet wurde. Erhalten blieb auch ein Teil der **3 Muttenthalbahn**, die einen Großteil der hier geförderten Kohle ins Bergische Land transportierte. Wer genau hinsieht, erkennt hinter der Zeche Nachtigall noch ein freiliegendes Kohleflöz.

Im Muttental begann der Kohle-Abbau

*Der Ruhrtal-Radweg bringt uns am **Knoten** 85 geradeaus radelnd zur Fähre Hardenstein (Achtung: Fährzeiten), wo wir das Ufer wechseln.*

Oberhalb der Fähre stehen die Ruinen der **Burg Hardenstein**. Die Familie von Witten ließ das noch heute in Privatbesitz befindliche Gebäude im 13. Jh. als Gerichtssitz errichten.

*Nur wenige Minuten nachdem wir von der Fähre gerollt sind, verlassen wir den Ruhrtal-Radweg nach links (**Wegepunkt** 1) und passieren wieder die Ruhr.*

Den Innenhof von **Haus Herbede**, einer Wasserburg aus dem 16. Jhd., zieren Figuren aus dem Jahre 1568. Im Innern gibt es eine Bilderwand, die über zwei Geschosse reicht.

Auf den nächsten gut zwei Kilometern haben wir links die lärmende A43 neben uns – dafür entschädigt aber der Blick nach rechts über den Kemnader See. Am Stauwehr können wir wieder das Ufer wechseln, empfehlenswert ist aber ein kleiner Schlenker links-rechts. So kommen wir an Haus Kemnade vorbei.

Die alte Wasserburg namens **Haus Kemnade** geht auf das Jahr 1008 zurück. Das heutige Gebäude entstand 1589, nachdem das alte Anwesen einem Großbrand zum Opfer gefallen war. Im Innern sind eine Sammlung von Musikinstrumenten und die stadthistorische Sammlung Bochum zu sehen.

Haus Kemnade spiegelt sich malerisch im Wasser

Reisemobilstellplätze an oder nahe der Route

Campingplatz „An der Kost", An der Kost 18, Hattingen
Wohnmobilstellplatz Ruhrtal, Ruhrdeich 24, Hattingen
Campingplatz Ruhrbrücke, Ruhrstraße 6, Hattingen
Wohnmobilstellplatz Landhaus Grum, Leinpfad, Hattingen

E-Bike Ladestationen an oder nahe der Route

Graßhoff Backhaus, Dortmunder Straße 51, Witten
Pedelec Tankstelle, Heggerstraße 38, Hattingen

Von Haus Kemnade radeln wir über die Brücke auf die andere Seite und kehren in einer großen Schleife zum Ufer und auf den Ruhrtal-Radweg zurück, dem wir flussabwärts folgen.

Zwischenzeitlich tauchen auf der anderen Uferseite über uns die Umrisse von **Burg Blankenstein** auf. Das **Naturschutzgebiet in Hattingen-Blankenstein** umfasst Altwasser und Uferwiesen der Ruhr. Auch die bewaldeten Steilhänge südlich des Flusses stehen unter Schutz.

*Die Schilder des Ruhrtal-Radweges fordern uns auf, abermals mit einer Brücke die Ruhr zu überqueren (**Wegepunkt 2**), ehe es dahinter wieder am Ufer weitergeht. So kommen wir direkt an der Henrichshütte vorbei. Am **Knoten** 78 rollen wir geradeaus.*

Am Wegesrand erhebt sich die 1853 von Graf Heinrich zu Stollberg-Wernigerode gründete 4 **Henrichshütte**. Eisen und Stahl wurden erzeugt und direkt vor Ort weiter verarbeitet mit Walzwerk, Schmiede, Dreherei und anderen Produktionszweigen. Die halbe Region ging in der Heinrichshütte arbeiten – umso gespenstischer der heutige Anblick. Das Museum bringt uns die glorreiche Geschichte zwar sehr anschaulich nahe, Arbeitsplätze gibt es hier aber nur noch wenige. Wir folgen der „Ratte" durch die ehemaligen Produktionsstätten und lernen die wesentlichen Abläufe der Stahlerzeugung und -verarbeitung.

*Von der Henrichshütte aus folgen wir dem Ruhrufer an der Schleuse vorbei und nutzen die Brücke, um auf die andere Seite zu gelangen. Dort zweigen wir ein gutes Stück hinter der Brücke scharf rechts in die Ruhrstraße ab (**Wegepunkt 3**), um am Campingplatz vorbei zum Leinpfad zu gelangen. Dem Rundkurs Ruhrgebiet (bzw. Von Ruhr zur Ruhr) folgen wir weiter flussaufwärts.*

Gleich am Wegesrand liegen zwei technische Denkmäler: Zuerst die **Steinkohlenzeche Erbstollen Sankt Matthias II** (1852 bis 1932) und 500 m später die **Steinkohlenzeche Treue Tiefer Stollen** (Auffahrung 1795, Stilllegung 1810). In beiden Zechen

Einen Blick in den Himmel gestattet die Sternwarte Bochum

wurden die hier in der Ruhraue zu Tage tretenden Flöze abgebaut.

Links oberhalb des Leinpfads liegt die **Sternwarte Bochum**, die sich mit der Radioastronomie, aber auch mit der Umweltforschung beschäftigt. „Kap Kaminski" wird es auch gerne genannt, da Heinz Kaminski 1946 die Sternwarte gründete – der Name soll eine Anlehnung an „Cape Canaveral" sein.

Der Radweg bringt uns wieder zurück zum Wirtshaus Stiepel, das wir bereits von der Hinfahrt kennen. Daher folgen wir genau dieser Route, bleiben aber später auf dem Ruhrtal-Radweg am Kemnader See auf der linken Uferseite.

Die Planer haben rund um den Kemnader See ganze Arbeit geleistet: Als Radler teilen wir uns eine breite **Trasse** nur mit den Skatern, während die Fußgänger einen eigenen Weg nutzen können.

*Entlang des Seeufers erreichen wir erst **Knoten** 24, wo wir geradeaus weiterfahren, um am Freizeitbad Heveney vorbei zu radeln.*

Der Hochofen der Henrichshütte lässt uns ehrfürchtig staunen

Das **Freizeitbad Heveney** lockt mit Warmbadehalle, zwei Rutschen und einer Sauna-Landschaft.

*Der Ruhrtal-Radweg bleibt weiter am Ufer, quert den Fluss mit der Fähre, geleitet uns um das Industriemuseum Zeche Nachtigall herum und führt uns zur Ruhrbrücke. Hier am **Knoten** 1 links über die Brücke, dahinter am **Knoten** 2 wieder links zurück zum Hauptbahnhof Witten, wo unsere Tour endet.*

Unser Radweg führt uns durch eine Golfanlage und dann an der **Privatbrennerei Sonnenschein** vorbei, die um 1800 von Brennmeister Wilhelm Dönhoff gegründet wurde.

Vom Hengsteysee geht's hinauf zur Hohensyburg

HOFFENTLICH GUTES WETTER, HIER IN WETTER (RUHR)

Streckentour von Schwerte über Wetter nach Witten

Schon kurz nach der Eröffnung hatte sich der Ruhrtal-Radweg ganz nach vorne in die deutschlandweite Hitliste der beliebtesten Fernradwege katapultiert. Bei dieser Tour nehmen wir uns 30 km dieser tollen Trasse und die Pneus und verstehen sehr schnell, was den Reiz ausmacht: Ein perfekt ausgebauter Radweg, gleich zwei Seen und auch viel zu sehen!

Was erwartet mich?

30 km, eine weitgehend ebene Tour mit zwei kleinen Hügeln auf einem Mix von Straßen, asphaltierten Wirtschaftswegen, naturbelassenen Wegen und Pfaden – zum Teil beschildert mit Knotenpunkten sowie als Ruhrtal-Radweg.

Wie komm ich hin?

ÖPNV:
Start: Bahnhof Schwerte
Ziel: Hauptbahnhof Witten
Mit dem Auto:
Start: Rathaus-Parkplatz, Rathausstraße 31-33, Schwerte
Ziel: Parkplatz Nachtigallstraße, Witten-Muttental

Was muss ich sehen?

1 Pannekaukenfrau
2 Rohrmeisterei
3 Bachviertel
4 Viadukt

Wo tank ich auf?

Naturbiergarten zur Lennemündung, Syburger Dorfstraße 69, Dortmund
Biergarten Ruhrstrand 54 / Minigolf, Zweibrücker Hof 4, Herdecke
Café See-Schlößchen, Niedernhof 1, Herdecke
Friedrichs am See, Strandweg 2, Wetter (Ruhr)
Restaurant Bootshaus, Am Obergraben 6, Wetter (Ruhr)

Kartentipp: **ADFC Regionalkarte radrevier.ruhr Ost**

TOURSTART

*Wir starten am Bahnhof von Schwerte, den wir nach links zur Bahnhofstraße verlassen (**Knotenpunkt** 39), um von dort nach rechts zum **Knotenpunkt** 38 zu fahren.*

„Suerte" wurde 962 erstmals erwähnt. Um 1397 erlangte Schwerte das Stadtrecht und eigene Münzen zu schlagen. Wenig später wurden Befestigungsgräben angelegt und an den **Stadttoren** Wegegeld erhoben.

Schwerte präsentiert sich als moderne Einkaufsstadt mit einer einladenden Fußgängerzone. In der Altstadt entdecken wir die dreischiffige **St. Marienkirche** von 1904 und die **St. Viktor-Kirche** aus dem 15. Jhd. Hier lohnt sich ein Blick ins Innere, denn der goldene Antwerpener Schnitzaltar von 1523 sowie erhaltene Teile des Siebenschmerzenaltars werden umgeben von kostbaren Wandmalereien.

Ansehen müssen wir uns auf jeden Fall das Denkmal der 1 **Pannekaukenfrau** auf dem Cava-di-Tirreni-Platz. Es erinnert daran, dass die Schwerter Frauen während einer Hungersnot Kartoffeln auf schlechtem Boden anbauen mussten und dann die Idee hatten, diese Kartoffeln zu reiben und in Öl zu braten. Die „Pannekauken" haben deutschlandweit häufig andere Namen, wie z.B. Reibekuchen, Riefkooche, Reiberdatschi, o.ä.

Mehr Wissenswertes über die Region bis zurück in die Eiszeit erfahren wir im 1933 gegründeten **Ruhrtal-Museum**, das im Alten Rathaus von 1547 untergebracht ist.

Direkt am Wegesrand liegt die 2 **Rohrmeisterei**. Der historische Industriebau diente einst als Pumpstation, in der das Wasser der Ruhr in Becken gereinigt und ins Ruhrgebiet gepumpt wurde. Heute ist es ein Kulturzentrum und gleich nebenan gibt es „scharfe Sachen" im kleinen **Senfmuseum**.

Von der Pannekaukenfrau gibt's was Leckeres, ...

*Am **Knotenpunkt** 38 treffen wir auf die Ruhr, der wir nach rechts auf dem Ruhrtal-Radweg folgen. Der Ruhrtal-Radweg führt uns unter der „gelben Brücke" und wenig später unter der A45 hindurch. Hinter dem Haus Ruhr gesellt er sich wieder ans Ufer.*

Die **„gelbe Brücke"** wurde ursprünglich für die Bahn erbaut. Inzwischen gibt es eine separate Radspur, die mit einem auffälligen, gelben Geländer versehen wurde.

Haus Ruhr war einst eine echte Wasserburg. Inzwischen wird das Anwesen bestens restauriert von der Ruhrakademie als Ausbildungsstätte genutzt.

Es geht unter der Hagener Straße her, an einem Industriegebiet vorbei sowie unter der A1 und direkt dahinter den Bahnschienen hindurch in einem Bogen zurück ans Ruhr-Ufer.

Hoch über uns grüßen die Ruinen der **Hohensyburg**. Erste Besiedelungsspuren lassen sich bis zur Bronzezeit um etwa 700 v.Chr. zurückverfolgen, während Urkunden von 775 bezeugen, dass Karl der Große eine Sigiburg oberhalb der Lennemündung einnahm. Der 20 m hohe Vincketurm wurde 1857 auf dem mit 245 m höchsten Punkt des Syberges erbaut. Noch weiter sichtbar ist das um 1900 errichtete **Kaiser-Wilhelm-Denkmal**.

*Den Hengstey-See überqueren wir mit der Brücke und folgen ab **Knoten** 63 weiter dem Ruhrtal Radweg, der am Ende abermals die Ruhr kreuzt und zum **Knotenpunkt** 12 in Herdecke führt.*

... während Kaiser Wilhelm die Hohensyburg bewacht

Der 120 ha große und 1929 angelegte **Hengsteysee** wir von der Ruhr und der Lenne gespeist, wobei er mit dem Laufwasserkraftwerk Hengstey und dem Köpchenwerk zur Stromerzeugung sowie als als „Geschiebefang" für das Geröll Lenne dient.

Arhtur Koepchen leistete um 1930 am Hengsteysee eine technische Pionierleistung: Zu Zeiten des geringen Strombedarfes wird Wasser aus dem Stausee 160 m höher zum Speicherbecken gepumpt. Nimmt der Stromverbrauch zu, strömt das Wasser durch eine Francis-Pumpturbine zurück in den Hengsteysee und erzeugt Energie. Das **Köpchenwerk** liefert also seit fast 100 Jahren „Grüne Energie" – einfach klasse!

Nach Verleihung der Marktrechte entwickelte sich am Schnittpunkt wichtiger Handelsrouten in Herdecke ein bedeutsamer Kornmarkt, der seine Berechtigung bis Ende des 19. Jhds. behielt. 1615 erfolgte die Erhebung zur Freiheit und 1739 die Verleihung der Stadtrechte. Im 19. Jhd. hielt die Industrie Einzug in Herdecke. Heute lockt in der Altstadt das sehenswerte 3 **Bachviertel** mit **Fachwerkhäusern** und Einkehrmög-

Reisemobilstellplätze an oder nahe der Route

Wohnmobilstellplatz Schwerte, Im Reiche des Wassers 3, Schwerte
Campingplatz Hohensyburg, Syburger Dorfstraße 69, Dortmund
Wohnmobilstellplatz Herdecke, gegenüber Vorhaller Weg 2-4, Herdecke
Wohnmobilstellplatz Wetter, Ringstraße, Wetter (Ruhr)

E-Bike Ladestationen an oder nahe der Route

Radstation am Bahnhof Schwerte, Bahnhofstraße, Schwerte
Radstation Herdecke am Zweibrücker Hof, Zweibrücker Hof, Herdecke
Ladeboxen am Bahnhof, Bahnhofstraße, Wetter

lichkeiten einer Fußgängerzone. Von Herdecke führt ein Abstecher zum **Wasserschloss Werdringen**. Die perfekt erhaltene Anlage geht auf eine Wasserburg zurück und beherbergt das **Museum für Ur- und Frühgeschichte**, wo wir u.a. ein „echtes" Mammut finden.

Den Schildern folgend ist auch die Innenstadt von Hagen in wenigen Minuten zu erreichen. Informationen über Sehenswertes in der Stadt finden Sie im **Ortsporträt Hagen** (siehe S. 178).

*Der Ruhrtal-Radweg folgt dem Ufer des Harkort-Sees nach Wetter (Ruhr) und zum **Knotenpunkt** 10.*

Das 4 **Viadukt**, das als Wahrzeichen der Region gilt, wurde als Teil der rheinischen Eisenbahnstrecke Düsseldorf-Hagen-Dortmund 1878 erbaut. Die 12 Bögen von je 20 m Spannweite halten die Bahn auf einer Höhe von 30 m über der Ruhr und überspannen damit insgesamt 313 m.

Das Dampfmaschinenschwungrad am Seeufer von Wetter ist ein Relikt aus dem ehemaligen Stahlwerk, das aus den „Mechanischen Werkstätten Harkort & Co" hervor ging. Von hier geht es nach Alt-Wetter mit seinem **Fachwerkensemble**, das „Fünf-Giebel-Eck" genannt wird, zum repräsentativen Rathaus, noch höher hinaus zum 35 m hohen **Harkort-Turm** (1884) oder zur Ruine der **Burg Wetter**.

*Am **Knotenpunkt** 10 wechseln wir das Ufer und fahren stets in Ruhr-Nähe vorbei an Wengern (**Knoten** 9) und Bommern zum **Knoten** 1. Hier verlassen wir den Ruhrtal-Radweg und radeln rechts über die Ruhr nach Witten.*

Einen Blick können wir auf die **„Weltkugel"** werfen – der Gasbehälter wurde künstlerisch zu einem Globus gestaltet.

Das Viadukt ist eines der Highlights an der Ruhr

Direkt am Wegesrand erstreckt sich das **Naturschutzgebiet Ruhrauen**. Und in Wengern haben wir Anschluss an den **Rad- und Wanderweg Elbschetalbahntrasse**, der zugleich als Hochwasserumfahrung für den Ruhrtal-Radweg dient. Er verläuft auf einer Bahntrasse, die zwischen 1934 und 1979 für den Schienenverkehr genutzt wurde. Heute ist der Silscheder Tunnel eines der Highlights der Elbschetalbahntrasse.

*Am **Knotenpunkt** 2 biegen wir links in die Gasstraße und folgen den Schildern zum **Knoten** 3. So gelangen wir zum Hauptbahnhof Witten, wo die Tour endet.*

Das **Wildgehege** von Witten bildet einen schönen Abschluss dieser Tour. Einen guten Überblick haben wir vom **Helenenberg**, wo der **Helenenturm** aus dem dichten Blattwerk der Bäume hinausragt.

HAGEN

Hagen bezeichnet sich gerne als „Tor zum Sauerland", denn von hier ist diese herrliche Mittelgebirgsregion zum Greifen nahe.

Und Hagen selbst hat durchaus auch einige Berge auf dem Stadtgebiet versammelt, was die Stadtbesichtigung und das Radeln beschwerlich machen kann: Es gibt eine ganze Reihe von Straßen, die über Steigungen von deutlich mehr als 20% zu verzeichnen haben – die Höhenunterschiede von bis zu 350 Höhenmeter müssen schließlich ausgeglichen werden.

Inzwischen wohnen in Hagen rund 190.000 Einwohner. Das war nicht immer so, denn erst ab dem 17. Jh. setzte der Aufschwung in der Region ein. Seinerzeit waren es Klingenschmiede, die sich nahe der Mündung des Selbecker Bachs in die Volme niederließen. Hier gab es genügend Wasser, um die Hammerwerke zu betreiben. Es entstand die sogenannte „Lange Riege", die bis heute erhalten werden konnte. So gelten diese wunderschönen Fachwerkhäuser als die älteste erhaltene Arbeitersiedlung Westfalens. Wir finden sie, wenn wir dem Verlauf der Volme flussaufwärts in den Ortsteil Eilpe folgen.

Die meisten Gebäude der Innenstadt wurden im Jahr 1724 ein Raub der Flammen. Danach erlebte Hagen eine echte Blütezeit, denn die räumlichen Bedingungen waren ideal in der zeit der Industrialisierung. Es entstanden zahlreiche große Industriebetriebe, die natürlich auch Beschäftigte brauchten – die Einwohnerzahl stieg rasch an.

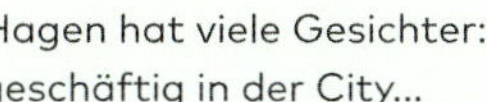

Hagen hat viele Gesichter:
geschäftig in der City...

Im Zweiten Weltkrieg wurden die angesiedelten Rüstungsunternehmen das Ziel für großflächige Bombardierungen durch die Alliierten – Hagen wurde komplett dem Erdboden gleich gemacht. Daher müssen wir schon genau hinsehen, um historische Hausfassaden zu entdecken. Schöne Motive bieten z.B. die **Empfangshalle des Hauptbahnhofs** oder der unübersehbare **Rathausturm**, doch auch die moderne Architektur des **neuen Rathauses** kann sich durchaus sehen lassen. Gleich nebenan können wir in der **Rathausgalerie** shoppen und das in der anschließenden Fußgängerzone direkt fortsetzen. Wer sich in der quirligen Innenstadt nach Ruhe sehnt, sucht den **Dr.-Ferdinand-David-Park** an der Volme oder etwas flussabwärts den **Volmepark**. Dieser geht nahtlos über in den **Volkspark**, dessen Besuch sich besonders lohnt, denn hier finden wir ein begehbares **Planetenmodell**, in dem die Abstände der Planeten maßstäblich dargestellt sind – sehr beeindruckend!

Bild oben:
... verspielt im Volkspark...

Bild unten:
... und idyllisch im Volmepark

Das Osthaus-Museum zeigt Werke, die einer der wichtigsten Mäzene des Landes förderte

Am Rande der Innenstadt finden wir in der Bergstraße 98 das nächste außergewöhnliche Highlight: Das **Bunkermuseum** wurde von Privatpersonen im Jahr 2013 in einem einmaligen Hochbunker eingerichtet. Während der schweren Angriffe im Zweiten Weltkrieg fanden die Hagener in diesem und 7 weiteren Hochbunkern Schutz und zugleich eine Schlafstätte. In den teils nur 6 qm großen Kammern kamen Familien unter, die obdachlos waren. Nach dem Wiederaufbau wurde der Bunker eine Zeit lang als fensterloses (!) Hotel genutzt. Das heutige Bunkermuseum ermöglicht es uns, an Führungen teilzunehmen, bei denen wir mehr über die Nutzungen erfahren und zudem an den Schlafräumen, der Notküche, dem Sanitätsraum und anderen Einrichtungen vorbeikommen – ein gewisses Schaudern läuft uns auch dabei über den Rücken!

Deutlich bunter geht es im nicht weit entfernten **Osthaus-Museum** zu. Der 1874 in Hagen geborene Ban-

Künstler fühlen sich in der Gartenstadt Hohenhagen besonders wohl

kier Karl Ernst Osthaus avancierte zu einem der bedeutendsten Kunstförderer Deutschlands. Er schaffte es, Architekten wie Walter Gropius, Peter Behrend und andere Größen hier an den Rand des Ruhrgebiets zu holen. In der Szene wurde der Begriff „Hagener Impuls" geprägt, eine Symbiose aus Moderne und Jugendstil. Ein Paradebeispiel für dieses Schaffen ist die **Gartenstadt Hohenhagen**. Der kleine Ausflug in den Stadtteil Eppenausen lohnt sich, denn die Gartenstadt avancierte zu einer Künstlerkolonie, die ursprünglich aus 15 Villen entstehen sollte. Glanzstück wurde der Hohenhof, den Henry van der Velde entwarf. Osthaus fand das Gebäude so gelungen, dass er 1908 gleich selbst dort einzog. Rund 13 Jahre später verstarb der Mäzen, so dass das Gesamtkunstwerk der Gartenstadt nie vollendet wurde.

Zeche Zollern hat gewaltige Ausmaße

Tour 25 Länge 23 km

KEINE IST GRÖSSER!

Streckentour von Dortmund-Hörde über Dorstfeld nach Wischlingen

Erstaunlich: Obwohl wir ausschließlich durch das Dortmunder Stadtgebiet radeln, kommt uns der Straßenverkehr nur selten in die Quere. Und so rollen wir meist komplett entspannt auf besten Wegen und genießen die abwechslungsreichen Sehenswürdigkeiten der größten Stadt des Ruhrgebiets, wie den Phönix-See, den Westfalenpark oder die Kokerei Hansa.

Was erwartet mich?

23 km, eine weitgehend ebene Tour mit zwei kleinen Hügeln auf einem Mix von Straße, asphaltierten Wirtschaftswegen, naturbelassenen Wegen und Pfaden – zum Teil beschildert mit Knotenpunkten sowie als Emscher-Weg und Route der Industriekultur.

Wie komm ich hin?

ÖPNV:

Start: Bahnhof Dortmund-Hörde

Ziel: Bahnhof Dortmund-Wischlingen

Mit dem Auto:

Start: P + R Parkplatz Benninghofer Straße, DO-Hörde

Ziel: Revierpark Wischlingen - Parkplatz an der Bahn 12, DO-Wischlingen

Was muss ich sehen?

1 Phoenix-See
2 Florianturm
3 Kokerei Hansa
4 Revierpark Wischlingen

Wo tank ich auf?

Westermanns Brasserie, Phoenixseestraße 22, Dortmund-Phönix-See

Bergmann Brauerei und Stehbierhalle, Elias-Bahn-Weg 2, Dortmund- Phönixgelände

Stachis Dorfgrill, Grundstraße 2, Dortmund-Dorstfeld

Rahmer Kiosk / Trinkhalle, Rahmer Straße 168, Dortmund-Rahm

Kartentipp: **ADFC Regionalkarte radrevier.ruhr Ost**

TOURSTART

Wir starten am Bahnhof von Dortmund-Hörde, den wir nach links auf der Hörder Brückenstraße verlassen. Am runden Platz mit der „Schlanken Mathilde" zweigen wir rechts ab in die Hermannstraße.

Auf dem kreisrunden Platz von Hörde steht eine alte Uhr mit Laterne. Sie wurde zu Beginn des 20. Jhds. zu Ehren der damaligen Hörder Bürgermeistergattin **„Schlanke Mathilde"** getauft. Wir dürfen sie aber nicht verwechseln mit einem regionalen Bockbier aus Hörde, das denselben Namen trägt – leckerer ist es aber allemal!

An der Ampelkreuzung radeln wir weiter geradeaus auf dem Fred-Ape-Weg und verlassen diesen schon nach wenigen Metern schräg links auf dem Rudolf-Platte-Weg. Dieser bringt uns schnurgerade zum Ufer des Phoenix-Sees, den wir nach rechts umrunden.

Der 24 ha große 1 **Phoenix-See** gilt als Symbol für den Strukturwandel und wurde in den 60 ha. großen Phönix-Park eingebettet. Das erste Stahlwerk gab es hier im Jahre 1841, später kamen größere Betriebe hinzu. Ab 2006 entstand ein Naherholungsgebiet, das sich großer Beliebtheit erfreut, was u.a. am **Hafen**, an der **Kulturinsel** und am Treffpunkt für Schiffsmodellbauer liegt.

*Der Radweg um den Phoenix-See erfreut sich großer Beliebtheit, daher müssen wir bei der Runde um den See stets aufmerksam radeln. Bei **Knotenpunkt** 46 rollen wir weiter geradeaus. Wir befinden uns nun auf dem Emscher-Weg.*

Der Florianturm überblickt ganz Dortmund

Das Seeufer wird gesäumt von Attraktionen: Es gibt einen **Seepark** mit viel Grün und Boule-Bahnen, einen tollen **Spielplatz** mit filigran wirkenden Spielgeräten, einen Trainingsplatz mit Fitnessgeräten und eine **„Flüsterbrücke"**. Hier werden wir auch als Erwachsene von der Physik überrascht! Was wir uns nicht entgehen lassen sollten, ist ein Abstecher hinauf auf den **Kaiserberg**, denn die Aussicht vom Rondell hier oben ist einfach phantastisch!

Der Radweg führt vom Ufer weg, überquert eine querende, vierspurige Straße und verläuft ein Stück auf einer ehemaligen Bahntrasse weiter.

Beliebte Wohnlage: Direkt am Phoenixsee

Wir rollen auf der ehemaligen **Elias-Bahntrasse**, der ehemaligen Werksbahn des Hörder Bergwerks- und Hütten-Vereins. Direkt daneben erhebt sich ein **Kunstwerk**, bei dem ein „stattlich gebauter Mann" seine Familie samt Vogel auf den Schultern trägt.

*Kurz hinter dem Kunstwerk zweigen wir schräg rechts ab von der Bahntrasse und gelangen auf die Emscherpromenade, der wir nach rechts folgen, um am Westfalenpark entlang zu radeln. Am **Knotenpunkt** 47 zweigen wir links ab und unterqueren die Gleise.*

Linkerhand erhebt sich die **Halde Hympendahl**, die auch zum Komplex des Phönix-Werkes gehörte und rechts der 70 ha große **Westfalenpark** mit dem 2 **Florianturm**. Dieser war bei seiner Erbauung 1959 nicht nur der höchste Fernsehturm Deutschlands, sondern auch der erste mit Drehrestaurant.

*Mit dem autofreien Steinklippenweg unterqueren wir die B54 und folgen den Schildern des Emscher-Wegs zum **Knotenpunkt** 48.*

An der B54 bietet sich die Möglichkeit, dem Radweg entlang der „Ruhrallee" Richtung **Innenstadt** zu folgen. Informationen über Sehenswertes in der Stadt finden Sie im **Ortsporträt Dortmund** (siehe S. 188).

Reisemobilstellplätze an oder nahe der Route

Wohnmobilstellplatz TOPPARK, Wischlinger Weg 50, Dortmund-Wischlingen

E-Bike Ladestationen an oder nahe der Route

DEW21 EnergiePlusHaus, Am Remberg, Dortmund-Phönix-See

Immer wieder eröffnen sich uns spektakuläre Blicke

Auf beiden Seiten des Radwegs erstrecken sich weitläufige **Schrebergarten-Anlagen**. Obwohl es so viele Parzellen gibt, sind diese heiß begehrt und werden meist von Generation an Generation weitergegeben.

Rechts von uns liegt das **Westfalenstadion**, offiziell „Signal-Iduna-Park" genannt. Hier hat die Borussia vom Borsigplatz, der BVB, seine Heimat. Gleich dahinter liegen die **Westfalenhallen**, in der bedeutende Messen und Konzerte stattfinden.

*Am **Knoten** 48 rollen wir geradeaus und folgen der Straße „An der Palmweide" durch die Rechtskurve, wo sie in die Emil-Figge-Straße übergeht. Mit mehrfachem Abbiegen queren wir die A40/B1 und tangieren Dorstfeld. Am **Knoten** 49 weiter geradeaus.*

Nicht weit entfernt von der Route liegt die **Deutsche Arbeitsschutzausstellung**. Seit 1993 gibt es diese Ausstellung zum Thema Arbeitssicherheit und Gesundheitsschutz. Anhand vieler Exponate wird dargestellt, wie sich die Arbeitswelt in den letzten Jahrzehnten veränderte und was alles zur Sicherheit der Beschäftigten getan wurde.

*Die Schilder des Emscher-Wegs geleiten uns entlang der Schienen und dann mit einem langgezogenen Rechts-Links-Bogen auf die andere Seite der Gleise. An der querenden Lindberghstraße am **Knoten** 52 links und wieder über die Bahn hinweg.*

Die Tour führt am 112 m hohen **Deusenberg** vorbei, einer ehemaligen Mülldeponie. Die Fahrt hinauf bietet einen wunderbaren Ausblick über Dortmund und die umliegenden Städte.

*An der Emscherallee biegen wir rechts ab und können wenig später (hinter dem **Knoten** 62) links in die Buschstraße abzweigen. Am Ende der Siedlung links in die Westhusener Straße.*

Die 1992 stillgelegte 3 **Kokerei Hansa** zählt auch zur Europäischen Route der Industriekultur. Hier wurde aus Steinkohle Koks und Kokereigas für die Chemieindustrie gewonnen. Heute kann dieses technische Denkmal besichtigt werden, wobei uns die riesigen Dimensionen der Anlage und der teils noch erhaltenen

Idylle pur im Revierpark Wischlingen

Maschinen sehr beeindrucken. Die ersten 65 Koksöfen wurden bereits 1927 errichtet, später kamen viele weitere Öfen hinzu, so dass mehr als 1.100 Menschen einen Arbeitsplatz fanden.

Nachdem wir die Schienen überquert haben, geradeaus und direkt danach weiter geradeaus auf der Sydowstraße. An deren Ende rechts und am querenden Wischlinger Weg links.

Der Radweg entlang der Rahmer Straße führt zum **LWL-Museum Zeche Zollern**, von der nicht nur das imposante Fördergerüst erhalten wurde, sondern auch Gebäude wie Werkstatt, Lohnhalle oder Verwaltung und technische Einrichtungen.

So radeln wir geradewegs auf den Hallerey-Teich zu, dessen Ufer wir nach links folgen. Wenig später erreichen wir im Zickzack den Bahnhof Wischlingen, wo die Tour endet.

Gegen Ende der Tour rollen wir am 39 ha große **4 Revierpark Wischlingen** entlang, der in den 1970er Jahren angelegt wurde. Seinerzeit entstanden mehrere dieser grünen Oasen, um die Luft im Pott besser zu machen und um den Anwohnern ein Naherholungsgebiet vor der Tür zu bieten.

Orts-porträt DORTMUND

Keine Stadt, die wir bei den vorgestellten Radtouren kennenlernen werden, ist größter: Rund 600.000 Einwohner zählt die altehrwürdige Reichs- und Hansestadt Dortmund inzwischen. Damit ist sie die drittgrößte Stadt von NRW und die neuntgrößte Deutschlands.

Noch mehr Superlative? Kein Problem: Über das dichte, schiffbare Kanalsystem des Ruhrgebiets entwickelte sich auf Dortmunder Stadtgebiet der größte Kanalhafen Europas. Und die heimische Borussia spielt im früheren **Westfalenstadion**, das mit über 81.000 Zuschauerplätzen das größte Fußballstadion in Deutschland ist.

Weltweit bekannt waren auch die Dortmunder Biere – nicht umsonst sprach man lange von der „Bierhauptstadt". Es gab unzählige große und kleine Brauereien, die den köstlichen Gerstensaft teils in die weite Welt exportierten, wie z.B. DAB – die Dortmunder Actien Brauerei. Um die Jahrtausendwende brach der Markt komplett zusammen – nur noch zwei Braustandorte konnten bis heute erhalten werden. Und gerade deswegen gehört das **Biermuseum** unbedingt auf´s Pflichtprogramm eines Dortmund-Besuchs, das stilecht an der Steigerstraße untergebraucht ist. Hier wird uns die lange Tradition der Braukunst nähergebracht. Dazu gibt es reichlich Geschichte und Geschichtchen – wie den Umstand, dass die Dortmunder früher mit der Lohntüte nicht direkt nach Hause gingen, sondern zuerst in die Kneipe. Da ist zwar lang schon nicht mehr so, aber wenn wir in eine der Kneipen rund um den Alten Markt einkehren, können wir dies bestens nachvollziehen.

Es war die ideale Lage an der wichtigen Handelsroute namens Hellweg, wo sich eine der bedeutendsten Städte des Landes entwickelte. Als „Throtmanni" tauchte Dortmund im Jahre 882 erstmals in den Geschichtsbüchern auf. Die ehemalige Reichs- und Han-

delsstadt erlangte bereits 990 die Marktrechte.

Es ist schon interessant zu sehen, wie sich einiges über die Jahrhunderte zu erhalten scheint: Die große **Shoppingmeile** Dortmunds liegt bis heute am **Westenhellweg** und setzt damit die alte Tradition des Handels fort – immerhin gehört sie zu den am besten besuchten Einkaufsstraßen Deutschlands!

1152 hielt König Friedrich Barbarossa in Dortmund einen Hoftag ab und sorgte mit der Königspfalz dafür, dass immer mehr Händler und Handwerker hierher kamen und dafür sorgten, dass sich schnell eine „richtige Stadt" entwickelte. Schon kurz darauf, im Jahr 1200, war die Innenstadt mit Mauern gegen Eindringlinge geschützt, wobei die Stadtfläche rund 82 ha. umfasste. Doch auch die wehrhaften Mauern halfen leider nichts: nur gut 30 Jahre später wütete ein Großbrand und machte Dortmund mitsamt der Reinoldikirche und der Handwerksbetriebe dem Erdboden gleich. Einige Quellen berichten sogar von Brandstiftung! Auch alle Dokumente wurden ein Opfer der Flammen und so musste Friedrich II. die Rechte, nun als Reichsstadt, neu verleihen und im Jahre 1293 kam auch das Braurecht hinzu. In der Folge erstarkte die Dortmunder Bürgerschaft, die ihre Macht weit über die Stadt- und Landesgrenzen hinaus zu nutzen wusste.

Ende des 18. Jhds. schien Dortmund dem Untergang nahe: Es gab nachweislich nur noch 453 Stallungen und Scheunen, dazu 940 Wohnhäuser, in denen 4.000 Menschen lebten. Kleine, unbefestigte Gassen führten entlang einiger Fachwerkhäuser und nur noch im Ortskern konnten einige Steinbauten wie das Rathaus erhalten werden.

Die Rettung kam durch die Industrielle Revolution, die einen Aufschwung einleitete. Es entstanden Zechen, in denen unter Tage Kohle abgebaut und über Tage Stahlfabriken, in denen das so überaus begehrte Metall produziert wurde. Mit den Unternehmen kamen auch

Bild links:
Das vielleicht berühmteste „U" des Reviers

Der Westenhellweg ist
DIE Shopping-Meile der Stadt

Dortmunds Alter Markt strahlt immer noch Würde aus

die Menschen wieder zurück nach Dortmund, denn die Fabriken brauchten unzählige Arbeiter. Damit diese mit ihren Familien ein Dach über dem Kopf bekamen, schossen Siedlungen aus dem Boden – Dortmund wuchs ebenso rasant an, wie alle anderen Städte hier im Revier.

Und noch etwas eint Dortmunds Geschichte mit seinen Nachbarstädten: Die Stahl- und damit die Rüstungsindustrie machte die Metropole zu einem der wichtigsten Ziele im Zweiten Weltkrieg. Bei 105 Luftangriffen wurden unzählige Bomben über Dortmund abgeworfen, was zu einer massiven Zerstörung führte. Allein vom historischen Zentrum wurden rund 95 % dem Erdboden gleich gemacht. Ein Wiederaufbau war lange Zeit unklar, denn Baudezernent Delfs und die britische Militärregierung wollten allen Ernstes die Innenstadt als Trümmerhaufen bestehen lassen, als Kriegs-Mahnmal deklarieren und die Stadt woanders neu erbauen. Zum Glück wurde davon Abstand genommen. Und so präsentiert sich Dortmund heute als spannende Symbiose aus historischen Fassaden, moderner Architektur und Bausünden der Nachkriegszeiten, die für eine einzigartige Skyline sorgt.

Das wichtigste Gotteshaus der Stadt ist die dem Schutzpatron der Stadt gewidmete **Reinoldikirche**, die ihre Wurzeln im 11. Jh. hat. Der damals 112 m hohe Turm wurde bei seiner Erbauung im Jahre 1454 als „Wunder von Westfalen" bezeichnet Ein Erdebeben brachte ihn 1661 zum Einsturz. Der Turm ist heute 104 m hoch und bietet uns von seiner Aussichtsplattform eine herrliche Fernsicht.

Gar nicht weit entfernt liegt die **Krügerpassage**. Im Jahre 1912 wurde diese noble Einkaufspassage im Stil der Neorenaissance errichtet und nach den Kriegsschäden 1953 neu gestaltet.

Schöner rasten und schöner wohnen am Phoenixsee

Zu den weiteren Highlights zählen die **Westfalenhalle**, der **Florianturm** und der **Phoenix-See**. Letztgenannte werden wir auf unserer Radtour genauer betrachten können.

Überregional bekannt ist das **Dortmunder U**, ein echtes Wahrzeichen der Stadt. Die Dortmunder Union Brauerei stellte 1927 ein Hochhaus fertig, das als Gär- und Lagerkeller dienen sollte. An der höchsten Stelle wurde ein goldenes, 9 m hohes „U" aufgesetzt, das nachts weit sichtbar in die Nacht leuchtet. Nachdem das Gebäude leer stand, wurde es von der Stadt gekauft. Inzwischen gibt es hier ein Zentrum für Kunst und Kreativität mit dem **Museum Ostwall** und dem **Hartware Medienkunstverein**.

Ansehen sollten wir uns auch das 1988 erbaute **Alte Stadthaus** und hier unser Augenmerk auf die zwei Fenster der Westseite richten. Dort lesen wir „So fast as düörpm", oder auf Hochdeutsch: „So fest wie Dortmund". Auch die Wappen der acht Hansestädte Köln, Münster, Osnabrück Bremen, Hamburg, Lippstadt, Lübeck, und Soest schmücken die Fassade.

Rund 80 ha stehen im Bahnwald unter Naturschutz

WASSER: MAL ALS QUELLE, MAL ALS SCHLOSSGRABEN

Rundtour von Holzwickede über Geisecke und Opherdicke

Endlich einmal eine Tour, bei der wir unsere E-Bikes perfekt gebrauchen können: Von Holzwickede geht es über das Ardeygebirge hinweg und hinunter zur Ruhr. Hier können wir uns über die Herstellung von „Hochprozentigem" informieren. Danach folgt der nächste kräftige Anstieg, der uns zum wunderschönen Wasserschloss Haus Opherdicke geleitet.

Was erwartet mich?

18 km, eine kurze Rundtour mit zwei kräftigen Steigungen im ersten und letzten Drittel auf einem Mix von Straßen, asphaltierten Wirtschaftswegen, naturbelassenen Wegen und Pfaden – zum Teil beschildert mit Knotenpunkten sowie als Emscher-Weg und Ruhrtal-Radweg.

Wie komm ich hin?

ÖPNV: Bahnhof Holzwickede
Mit dem Auto: Park & Ride-Parkplatz am Bahnhof, Holzwickede

Was muss ich sehen?

1 Emscherquellhof
2 Gutshaus Lenninghausen
3 Ev. Kirche Opherdicke
4 Haus Opherdicke

Wo tank ich auf?

Bäckerei Hosselmann, Stehfenstraße 10, Holzwickede
Brasserie am Markt, Allee 5, Holzwickede
Pizzeria Bella Italia, Dorfstraße 64, Holzwickede-Opherdicke
Restaurant Schloßstuben, Dorfstraße 37, Holzwickede-Opherdicke (ab nachmittags)

TOURSTART

*Wir starten am Bahnhof von Holzwickede (**Knotenpunkt** 45), den wir nach rechts über die Bahnhofstraße und links „Allee" verlassen. Nach wenigen Metern können wir den Radweg rechts durch den Emscherpark nehmen, in dem wir geradeaus über die querende Kirchstraße hinweg radeln.*

Viel Platz gibt´s am Holzwickeder Rathaus

Das Gebiet um Holzwickede war bereits in der Jungsteinzeit besiedelt, was sich an einem Pflugkeil und anderen Fundstücken belegen lässt. In der Innenstadt Holzwickede finden wir schöne Einkehrmöglichkeiten und den weitläufigen **Emscherpark**, in dem wir nach der Tour wieder auftanken können. Hier gibt es auch einen „Mehrgenerationen-Spielplatz". Ansehen können wir uns auch das efeuumrankte **Rathaus** und gegenüber die Kirche am Markt mit ihren beiden markanten Türmchen.

*Am Ende des Parks an der Opherdicker Straße rechts und direkt links auf den Radweg an der Hauptstraße, die wir nach wenigen Pedalumdrehungen bei dem Wäldchen nach rechts auf dem Lünschermannsweg (**Wegepunkt** 1) verlassen. An der Querstraße links zum Emscherquellhof.*

Der 1 **Emscherquellhof** ist ein ehemaliges Gehöft, deren Ursprünge bis ins Jahr 1801 zurückverfolgt werden können. Die Emscher Genossenschaft erwarb dieses tolle **Fachwerk-Ensemble** und nutzt es inzwischen für Ausstellungen und Fortbildungen.

Die Quellenstraße führt links weg vom Emscherquellhof und trifft auf die Landskroner Straße, deren Radweg wir nach links folgen.

Am Emscherquellhof beginnt die **Emscher** ihre 83 km lange Reise bis in den Rhein. In der Vergangenheit galt die Emscher lange Zeit als „Kloake des

Ruhrgebiets“: Abwässer aus Industrie und Haushalten landeten ungefiltert in dem Fluss. Mit einem milliardenschweren Programm wurden u.a. Kläranlagen errichtet, Kanäle neu verlegt, Uferzonen in den Urzustand zurückversetzt. So hat die Emscher in vielen Regionen bereits ein völlig neues (altes) Gesicht erhalten und wurde zu einem echten Naturparadies.

Hier beginnt die Reise der Emscher

*Es geht ordentlich bergauf, auch wenn wir schräg rechts in die Römerstraße (später Intükenweg) eingebogen sind. Mit der Kellerstraße nach links (**Wegepunkt** ❷) überqueren wir die A1.*

Die Tour geht deutlich bergauf, was uns mit unseren E-Bikes nicht allzu viel Kopfzerbrechen bereitet. Dafür aber genießen wir teils weite **Ausblicke** vom sogenannten „Ardeygebirge“ über die Region.

*In der Kurve rechts bergab in die Berg- und direkt links in die Talstraße, die sich durch die Felder schlängelt und auf die Schwerter Straße trifft. Hier rechts und geradeaus über die querende Landstraße in die Langscheder Straße. Hinter der Bushaltestelle links in die Unnaer Straße. Am Schützenhaus weiter geradeaus in den Wald, am Querweg rechts und am Ende des Waldstücks links. So erreichen wir an der Ruhr den Ruhrtal-Radweg, dem wir hinter der Brücke vom **Knoten** 25 nach links zum **Knoten** 22 folgen.*

Das 80 ha große **Naturschutzgebiet Bahnwald** liegt direkt auf unserer Route. 1992 wurde das Schutzge-

Reisemobilstellplätze an oder nahe der Route

Campingplatz Kampmeier, Dellwiger Weg 10, Iserlohn
Campingplatz Ruhrtalblick, Dellwiger Weg 8, Iserlohn
Campingplatz Kampmeier, Dellwiger Weg, Iserlohn

E-Bike Ladestationen an oder nahe der Route

eBikeStation am Rathaus, Am Markt, Holzwickede

biet ausgewiesen, in dem selten Pflanzen und Tiere ein Refugium gefunden haben. Auch der **Stausee Hengsen** liegt im Naturschutzgebiet, er wird zur Gewinnung von Trinkwasser genutzt.

Herzlich Willkommen im **Sauerland** – der Ort Geisecke, an dem wir vorbei radeln, gilt als „Rand des Sauerlands". Von hier können wir auch einen längeren, beschilderten Abstecher nach Iserlohn unternehmen.

*Unsere Tour führt vom **Knoten** 22 wieder links über die Ruhr zum **Knoten** 37. Hier verlassen wir den Ruhrtal-Radweg und fahren weiter geradeaus – es geht wieder kräftig bergauf.*

Am Knoten 22 können wir ein paar Meter nach rechts den Berg hinauf zum 2 **Gutshaus Lenninghausen** radeln. Der hauseigene Schnaps aus der historischen **Kornbrennerei Bimberg** ist eine Verführung! Schon im Jahre 1858 gründete Hofherr Hermann Bimberg eine Kornbrennerei. Zu jener Zeit war es üblich, dass auf landwirtschaftlichen Betrieben gebrannt wurde. Das diente zum einen als guter Zuverdienst durch das Getränk, andererseits konnte die entalkoholisierte Maische, die man hier „Schlempe" nennt, an das hofeigene Vieh verfüttert werden. Viele Hof-Brennereien wurden in der Vergangenheit an Großbetriebe verkauft, die Gutsbrennerei Bimberg blieb bis heute eigenständig. Im Hofladen können wir Marmeladen oder Hochprozentiges für abends bunkern.

*Wir folgen den Schildern zum **Knotenpunkt** 36 über die Mühlen- und links Kuhstraße in den Ortskern von Opherdicke.*

Nach der längeren Steigung empfängt uns der Ort Opherdicke, der „Op-Herdicke" ausgesprochen wird. Schon 1150 wurde das erste Gotteshaus errichtet, auf dem die heutige 3 **evangelische Kirche** basiert. Aus dem benachbarten Westhofen kamen die Sandsteine, mit denen bis 1870 eine Erweiterung im neoromanischen Stil erbaut wurde.

Die erste **katholische Kirche** wurde 1702 geweiht. Kirche St. Stephanus wurde für die Pfarrei, aber auch als Grabkirche der Herren von Opherdicke genutzt.

Die Wurzeln des wunderschönen Wasserschlosses 4 **Haus Opherdicke** reichen zurück bis 1176, als es

Haus Ophericke lockt zur Einkehr mit Blick auf die Natur

hier ein Gutshaus der Dortmunder Grafen gab. Später entstand eine Wasserburg, die im 17. Jh. zum Schloss umgebaut wurde. Der weitläufige **Schlosspark** präsentiert sich als Englischer Garten mit zahlreichen Kunstobjekten. Und in der ehemaligen Waffenschmiede entdecken wir eine **Heimatstube**.

*Am **Knotenpunkt** 36 fahren wir links und an der nächsten Ecke rechts in die Holzwickeder Straße, die wieder ansteigt.*

Unweit des Rückweges liegt das **Freibad „Schöne Flöte"**, das als eines der schönsten Freibäder weit und breit gilt. Wem also der Sinn nach Abkühlung steht, ist hier also genau richtig.

*In Holzwickede angekommen biegen wir hinter der Autobahn rechts ab, sofort wieder links und fahren rechts über die Friedhofstraße Richtung Zentrum. Den Kreisel verlassen wir geradeaus, um auf die Bahnhofstraße zu gelangen, die uns zurück zum Ausgangspunkt (**Knoten** 45) der Tour bringt.*

Auf den letzten Kilometern merken wir, dass Holzwickede eine sehr sportliche Stadt ist: Gleich am Ortseingang liegt ein großes **Sportzentrum** mit Leichtathletik- und Fußballplatz, Judo-Club, Sporthalle und vielem mehr.

Am Markt von Unna kehren wir nach der Tour ein

Tour 27 Länge 26 km

AUCH EINE BRAUEREI GEHÖRT ZUR ROUTE DER INDUSTRIEKULTUR

Rundtour von Holzwickede über Unna und Niedermassen

Es fällt schwer, auf die E-Bikes zu steigen und loszuradeln, denn Unna ist einfach klasse: Die Kreisstadt Unna konnte sich eine beschauliche Ortsmitte bewahren, in der es sehr viel zu sehen gibt. Wenn wir dann doch die Pneus rollen lassen, entdecken wir, dass die Grenze zwischen Landidylle und quirligem Stadtleben hier immer wieder verschwimmt.

Was erwartet mich?

26 km, eine kurze, hügelige Rundtour mit einer kräftigen Steigung im letzten Drittel auf einem Mix von Straßen, asphaltierten Wirtschaftswegen, naturbelassenen Wegen und Pfaden – zum Teil beschildert mit Knotenpunkten sowie als R8/R35 und Route der Industriekultur.

Wie komm ich hin?

ÖPNV: Bahnhof Holzwickede
Mit dem Auto: Park & Ride-Parkplatz am Bahnhof, Holzwickede

Was muss ich sehen?

1 VillaBeo
2 Altstadt Unna
3 Lindenbrauerei
4 Windpumpenwerk

Wo tank ich auf?

Bäckerei Zum Glück, Holzwickeder Straße 2, Unna-Billmerich
Meisterhaus mit Biergarten, Hertinger Straße 32, Unna-Mitte
Bäckermeister Grobe GmbH & Co.KG, Massener Straße 1, Unna-Mitte
Landbäckerei Braune, Friedrich-Ebert-Straße 108, Unna (am Kurpark)

Kartentipp: **ADFC Regionalkarte radrevier.ruhr Ost**

TOURSTART

*Wir starten am Bahnhof von Holzwickede (**Knotenpunkt** 45), den wir dieses Mal nach links über die Bahnhofstraße verlassen und dem Rechtsknick bis zum Kreisverkehr folgen. Diesen verlassen wir nach links entlang der Goethestraße, die uns aus der Stadt hinaus bringt.*

Am Ortsausgang steht der **Hilgenbaum** direkt neben der Goethestraße – wir erkennen ihn an einem etwas verwitterten, beschrifteten Stein und einem großen Holzkreuz.

Weiter geradeaus auf dem Billmericher Weg über die A1 hinweg. An der querenden Landstraße geradeaus in die ansteigende Buschstraße, mit der wir durch den Ort „Am Busch" rollen.

Am Ortsausgang können wir einen kleinen Abstecher über die Waldstraße unternehmen. Sie bringt uns in wenigen Minuten nach Opherdicke mit seinem **Wasserschloss**, das wir bereits von Tour 26 kennen.

Am Ortsende weiter geradeaus auf der Buschstraße und kurz darauf links in die Liedbachstraße, die uns nach Billmerich führt. Wir befinden uns mittlerweile auf der Route der Industriekultur.

Mit **Billmerich** haben wir bereits die Stadtgrenze zu Unna erreicht. Schon im Jahre 890 war von diesem Ort in den Büchern zu lesen.

Die Lindenbrauerei...

*Von Billmerich folgen wir den Schildern zum **Knotenpunkt** 33 ins Zentrum von Unna.*

Wir rollen durch das **Bornekamptal**. Felder, Wiesen, dichter Wald und kleine Bachläufe prägen die Region. Am Wegesrand liegt der **„Siebenklang"**, eine „Versammlung" von sieben kunstvoll gestalteten Metallsäulen.

Direkt vor der Autobahnbrücke erhebt sich ein altehrwürdiges und liebevoll restauriertes Herrenhaus, das 1 **„VillaBeo"** getauft wurde.

... ist das markanteste Gebäude von Unna

Der **Bornekamp Park** lockt mit seinem Teich zu einer längeren Rast. **„Land-Art"** nennen es die Künstler, wenn sie den Boden wie hier auf ihre Art gestalten. Noch auffälliger ist der hohe **Wall**, auf dem der Weg verläuft und vor Hochwasser schützen soll.

Zur Blütezeit des Kölner Erzbistums erhielt Unna das Stadt- und Marktrecht sowie eine wuchtige **Stadtmauer**. Inmitten dieser Umwehrung finden wir eine herrliche **2 Altstadt** mit zahlreichen, bestens erhaltenen **Fachwerkhäusern**. In der **3 Lindenbrauerei** wurde zwischen 1859 und 1979 das Linden-Bier gebraut. Die Backstein-Gebäude, die vom Schornstein überragt werden, beherbergen das Schalandergebäude, wo sich die Arbeiter umzogen und aufhielten, sowie das Kessel- und das Sudhaus.

*Vom **Knoten** 33 fahren wir über den Rathausplatz zum **Knotenpunkt** 32, hinter der Unterführung schräg links in die Friedrich-Ebert-Straße.*

Da wir auf unseren Touren oft vom Hellweg hören bzw. lesen, sollten wir uns das **Hellweg-Museum** nicht entgehen lassen. Es ist in der Burg Unna untergebracht und allein wegen des tollen kreisrunden Turmes einen Abstecher wert.

*Den Kreisverkehr verlassen wir auf der üppig grünen Platanenallee rechts am Parkplatz vorbei. An der querenden Parkstraße links und kurz darauf rechts in den Kurpark, wo wir am **Knoten** 31 die Route der Industriekultur nach links verlassen.*

Der **Kurpark** ist Unna´s grüne Lunge. Von der Saline sind noch das **4 Windpumpenwerk** und das Wärterhäuschen übrig geblieben.

Dem Radweg an der Friedrich-Ebert-Straße folgen wir ein wenig nach rechts, um hinter der Bahnunterführung links in den Radweg (R8/R35, „Hinterm Gradierwerk") abzubiegen.

Reisemobilstellplätze an oder nahe der Route

Campingplatz Kampmeier, Dellwiger Weg 10, Iserlohn
Campingplatz Ruhrtalblick, Dellwiger Weg 8, Iserlohn

E-Bike Ladestationen an oder nahe der Route

eBikeStation am Rathaus, Am Markt, Holzwickede
Lindenbrauerei, Rio-Reiser-Weg 1, Unna
Sparkasse Hauptstelle, Bahnhofstraße 37, Unna
Gasthaus Agethen, Hertingerstraße 10, Unna

Der Name Königsborn dürfte vom Begriff „Königs Brunnen" stammen. Schließlich war es das preußische Königreich, das 1734 die Gelder zur Erschließung eines **Solebrunnens** bereitstellte. Daher überrascht es wenig, dass wir rund um den Kurpark prachtvolle Gebäude finden, wie das Alte **Siedemeisterhaus**, das Amtshaus der Salinenverwaltung, oder das **Alte Siedeinspektorhaus** – was es damals nicht alles gab! Einen krassen Gegensatz dazu bildeten die 1780 errichteten **Salzsieder-Gademe**. In diesen sehr einfachen, meist nur mit einem Zimmer ausgestatteten Häusern, wohnten einst die Arbeiter der Saline.

Die nächsten Kilometer verlaufen, von einem kleinen Schlenker unterbrochen, auf dem R8/R35 direkt neben der Bahnlinie entlang.

Wir folgen den Radwegen R8 und R35 für einige Kilometer. Sie werden hier zu einem Teilstück des **Radschnellweg Ruhr**, der auf 100 km autofrei durch das Ruhrgebiet führen soll.

Der Radweg schwenkt scharf rechts ab und trifft auf die Massener Bahnhofstraße. Hier trennen sich der R8 und R35 – letzterem folgen wir nach links unter den Schienen her. Nach einer Rechtsschleife fahren wir wieder parallel zu den Schienen, bis die Straße links abbiegt und in die Nordstraße übergeht. Über Poststraße und rechts weiterhin Poststraße (später „Frische Luft") erreichen wir den Bahnhof Dortmund-Wickede.

In Unna-Massen liegt „Korsika" – so zumindest nennen die Bewohner ihren Stadtteil **Buderuskolonie**, die einst für die Arbeiter der Zeche Massen erbaut wurde. Der Romberger **Erzstollen** wurde ab 1827 erschlossen, um die umliegenden Bergwerke zu entwässern. Später wurde hier unter Tage auch das schwarze Gold abgebaut.

Das Windpumpenwerk und das Wärterhäuschen erzählen von der alten Saline

Mit Wickede haben wir Dortmunder Boden erreicht. Es ist der östlichste Bezirk der Großstadt, wo sich rund um die evangelische Kirche einige **Fachwerkhäuser** versammeln.

Vor dem Bahnhof biegen wir links in den Altwickeder Hellweg und folgen den Schienen über 3 km. An der querenden Donnerstraße links, die an der Kreuzung geradeaus weiter läuft und auf „Am Ostbrink" trifft. Hier rechts und direkt wieder links auf die Donnerstraße. Mit deutlicher Steigung geht es schnurgerade durch weite Felder.

Dortmund-Asseln konnte sich einen ländlichen Charme bewahren – wir entdecken gut erhaltene **Fachwerkhäuser** und prachtvolle Bauernhöfe.

An der Querstraße links, an der nächsten Ecke rechts über die B1 hinweg, danach links in die Rausinger Straße. Nach einer Rechts-Links-Kurve rechts in die Garten- und hinter der Unterführung links in die Vinckestraße. Dann nur noch über den ***Knoten*** *42 zur 45, um die Tour am Holzwickeder Bahnhof zu beenden.*

Gegen Ende der Tour überqueren wir nochmals die **Emscher**, die hier noch als kleines Rinnsal verläuft.

Wo geht´s lang? Die Orientierung ist hier ganz einfach!

Tour 28

Länge 41 km

KEINESWEGS IN DIE HÖLLE AUF DEM HELLWEG

Rundtour von Unna über Werl

Der Alleen-Radweg und die Hellweg-Route: Diese beiden Radwege garantieren uns ein unbeschwertes Radl-Vergnügen, wenn wir aus Unna nach Werl und wieder zurück kurbeln. Es geht also aus dem Ruhrgebiet hinaus – und das merken wir sehr schnell, denn um uns herum wird es deutlich ruhiger, wenn wir durch weite Felder und Wiesen gleiten.

Was erwartet mich?

41 km, eine etwas hügelige Rundtour auf einem Mix von Straßen, asphaltierten Wirtschaftswegen, naturbelassenen Wegen und Pfaden – zum Teil beschildert mit Knotenpunkten sowie als R8, Route der Industriekultur, Allen-Radweg, Historische Stadtkerne und Hellweg-Route.

Wie komm ich hin?

ÖPNV: Bahnhof Unna
Mit dem Auto: Bahnhof Park & Ride-Parkplatz Märkische Straße 2-19, Unna

Was muss ich sehen?

1 Haus Hilbeck
2 Alte Wallfahrtskirche Werl
3 Fachwerkhäuser in der Krämergasse

Wo tank ich auf?

Landcafé Oase, Allener Straße 35 im Pentling Gesundheitszentrum, Werl
markt20, Marktstraße 20, Werl
Bäckerei Wolf, Unnaer Straße 2, Werl
Bistro Café Restaurant AVANTGARDE, Neheimer Straße 53, Werl
Scheer und Mehr, Bådericher Bundesstraße 997, Werl-Büderich

Kartentipp: **ADFC Regionalkarten radrevier.ruhr Ost + Sauerland**

TOURSTART

*Wir starten am Bahnhof von Unna, den wir nach rechts über die Bahnhofstraße und in der Kurve bei **Knotenpunkt** 32 rechts durch den Tunnel verlassen. Dahinter links auf die Hammer- und weiter geradeaus auf die Friedrich-Ebert-Straße. An deren Ende am Kreisel schräg links versetzt geradeaus in die Platanenallee. An der querenden Parkstraße links und wenig später rechts in den Kurpark.*

Gleich zu Beginn der Tour rollen wir durch den **Kurpark** von Unna, der seine Wurzeln in der Salzgewinnung hat, die hier im 19. Jh. florierte.

*Wir folgen den Schildern zum **Knoten** 31 durch den Kurpark und biegen dort schräg rechts ab, um den Park an der Nordseite zu verlassen und am Bahnhof Unna-Königsborn den **Knoten** 30 zu erreichen. Wir befinden uns auf der Route der Industriekultur sowie auf dem R8 und dem Alleen-Radweg.*

Der **Alleen-Radweg** garantiert ein perfektes, weil meist autofreies Radel-Erlebnis. Er ist genau 24,4 km lang und folgt auf etwa 13 km der Trasse einer ehemaligen Bahnverbindung. Die Strecke verband einst die Bahnhöfe Unna-Königsborn und Welver-Scheidingen miteinander.

*Wir folgen dem Alleen-Radweg durch Bäume und Felder zum **Knoten** 29.*

In Bramey-Lenningsen werden wir durch den **Alten Bahnhof** an die Ursprünge des Bahntrassen-Radwegs erinnert. Im ehemaligen Bahnhof gibt es heute einen Kindergarten, und ein thematisch passender **Spielplatz** wird von den Kleinen auch gerne in Beschlag genommen.

Nachdem wir mit dem Radweg die B63 unterquert haben, treffen wir auf die querende Allener Straße, der wir rechts durch die Felder nach Hilbeck folgen.

Der Ort Pentling ist überregional bekannt als **„Gesundheits-Zentrum"**. In dem wunderschönen Ensemble aus Fachwerkhäusern und modernen Gebäuden zogen Praxen, ein Yogazentrum und ein Sanitätshaus ein.

Durch den Kurpark erreichen wir die Innenstadt von Werl

Das Gutshaus 1 **Haus Hilbeck** war einst eine Wasserburg und ist heute mit Park, Fachwerkhaus und farbenfroh getünchtem Haupthaus ein Genuss für die Sinne.

Am Ortseingang von Hilbeck links in den Lindfeldweg. Wenig später bei dem großen Bauernhof rechts in den Brand- und direkt links in den Pröbstinger Weg.

Hinter dem **Bauernhof** in Pröbsting erhaschen wir eine schöne Rundumsicht über die Region

In Sönnern rollen wir geradeaus über die Querstraße hinweg in „Zum Türkenplatz", der rechts abknickt und auf „Am Scheidinger Weg" trifft, dem wir nach rechts folgen, um dann links in die Niclas-, später Feldstraße einzubiegen. Den Schildern der „Historischen Stadtkerne" folgend erreichen wir die Innenstadt von Werl.

Durch den **Kurpark** gelangen wir in die Innenstadt von Werl, was einer Reise in die Vergangenheit gleich kommt, denn die **Wallfahrtsstadt** kann auf eine bewegte Vergangenheit zurückblicken. Funde beweisen, dass schon 10.000 v.Chr. Jäger hier lebten. Später kamen Bauern und Hirten, gefolgt von den Grafen von Werl. Die erkannten, dass der Ort in einer strategisch

Reisemobilstellplätze an oder nahe der Route

Campingplatz Kampmeier, Dellwiger Weg 10, Iserlohn

Campingplatz Ruhrtalblick, Dellwiger Weg 8, Iserlohn

guten Lage war und ließen eine erste Burg errichten. Im Jahre 1218 wurden Werl die Stadtrechte verliehen, was Zerstörungen 70 Jahre später und im Jahre 1389 aber leider nicht verhindern konnte. Nach turbulenten Jahrhunderten entwickelte sich schließlich diese heutige Stadt, die bis heute teilweise mit einer Wehrmauer versehen ist. Mittendrin empfängt uns eine wunderbare Altstadt mit vielen historischen Gebäuden.

Als erstes steuern wir die 2 **Alte Wallfahrtskirche** St. Mariä Heimsuchung an, die seit 1661 das Ziel der Pilger ist. Die heutige **Wallfahrtsbasilika** stammt von 1906 und bietet dem sagenumwobenen, wundertätigen Marienbild seine Heimat. Das Schloss der Kurfürsten wurde nach dem 7-jährigen Krieg baufällig und größtenteils abgerissen – Reste der Ruine finden wir an der Stadtmauer. Danach schauen wir uns das **Alte Rathaus**, die Stadthalle und viele weitere historische Gebäude an. Besonders viele gut erhaltene 3 **Fachwerkhäuser** gibt es in der Krämergasse, doch auch in den umliegenden Straßen werden sich unsere Augen an den Fassaden erfreuen. Nicht zuletzt bietet uns Werl auch beste **Shopping- und Einkehrmöglichkeiten** rund um den einladenden **Marktplatz**.

Werls Krämergasse wird von Fachwerkfassaden gesäumt

Die Innenstadt von Werl verlassen wir ab dem Kreisel mit der Hellweg-Route am Kälbermarkt über die Bäckerstraße, die nach dem Knick in die Unnaer Straße übergeht. An der etwas unübersichtlichen Kreuzung radeln wir schräg rechts über die Büdericher Straße, die uns mit der Hellweg-Route aus der Stadt hinaus bringt.

Die **Hellweg-Route** folgt den Spuren des alten Westfälischen Hellwegs. Im Mittelalter war dieser eine der wichtigsten Handelsrouten des Landes. Die rund 88 km lange Radtrasse beginnt in Höxter und endet in Dortmund.

Am Kreisel geradeaus und in Büderich links auf die Schlesien- und wenig später rechts in die Kunibertstraße. Den Ort verlassen wir geradeaus auf „In der Linde".

Der Grundstein der Bübericher **Pfarrkirche St. Kunibert** wurde 1864 gelegt. Zu dieser Zeit gab es schon lange ein Gotteshaus. Es war aber so marode, dass es abgerissen werden musste. Den Plänen zufolge wollte man den historischen Turm erhalten, doch er wollte wohl nicht der einzige Rest bleiben und stürzte vor dem Neubau ein. Rund um die Kirche finden wir historische Gebäude wie z.B. die Alte Schule, die aus „Anröchter Stein" gefertigt wurden. Dieser **Grünsandstein** kommt ganz aus der Nähe – kurze Lieferwege waren also hier schon immer angesagt.

*Die Schilder des Fernradweges Hellweg-Route lotsen uns zuverlässig durch die Felder und die dazwischen liegenden Ortschaften Hemmerde (**Knotenpunkt** 35) und Stockum.*

Ländlicher Charme in Hemmerde

Schon früh dürfte es in Unna-Hemmerde eine Kirche gegeben haben – sie hat vermutlich an der Stelle gestanden, wo sich heute die **evangelische Kirche** erhebt. Sie liefert uns mit dem kleinen **Brunnen** ein schönes Fotomotiv.

Im Ortsteil Unna-Stockum können wir den Stockumer Hofmarkt ansteuern. Auf diesem Biohof gibt es Leckeres aus dem eigenen Betrieb, aber auch von befreundeten Bauern.

*Nachdem wir auch den Ort Uelzen passiert haben, erreichen wir an einem Gewerbegebiet vorbei die Morgenstraße. Hier biegen wir rechts ab und erreichen über die **Knoten** 33 und 32 den Bahnhof von Unna, wo die Radrunde endet.*

Direkt am Weg entdecken wir eine hohe Metallstehle mit den Himmelsrichtungen. Auf dem Sockel erfahren wir: Genau hier liegt der **„geografische Mittelpunkt von Unna"**.

E-Bike Ladestationen an oder nahe der Route

Lindenbrauerei, Rio-Reiser-Weg 1, Unna
Sparkasse Hauptstelle, Bahnhofstraße 37, Unna
Gasthaus Agethen, Hertingerstraße 10, Unna
Bistro Café Restaurant AVANTGARDE, Neheimer Straße 53, Werl

Perfektes Gleiten auf dem Ruhrtal-Radweg

Tour 29 Länge 36 km

RADELN IN HÖCHSTER PERFEKTION

Streckentour von Wuppertal über Sprockhövel nach Hattingen

Eines vorab: Die Tour hält ganz bestimmt, was der Titel verspricht: Wir radeln auf einer wunderbaren Radtrasse mitten durch Wuppertal und hinüber zur Ruhr. Der Autoverkehr stört uns dabei nur sehr selten – dafür kurbeln wir über spektakuläre Brücken, durch schaurige Tunnel und genießen traumhafte Ausblicke.

Was erwartet mich?

36 km, eine kurze, hügelige Rundtour mit einer kräftigen Steigung im letzten Drittel auf einem Mix von Straßen, asphaltierten Wirtschaftswegen, naturbelassenen Wegen und Pfaden – beschildert als Bergischer Panorama-Radweg – Nordbahntrasse, Glückauftrasse, Kohlenbahntrasse.

Wie komm ich hin?

ÖPNV: Start: Bahnhof Wuppertal-Vohwinkel
Ziel: Bahnhof Hattingen
Mit dem Auto: Start: Park & Ride-Parkplatz Wuppertal-Vohwinkel – Hinter dem Bahnhof, Wuppertal
Ziel: Hattingen Ruhr Mitte, Im Bruchfeld 7, Hattingen

Was muss ich sehen?

1. Schwebebahn
2. Nordbahntrasse
3. Wichern-Kapelle
4. Fachwerkhäuser in Hattingens Altstadt
5. Bügeleisenhaus

Wo tank ich auf?

Bahnhof Varresbeck – Biergarten Wuppertal, Benrather Straße 42, Wuppertal
Café Nägele, Otto-Hausmann-Ring 1, Wuppertal
Mimo Restaurant Pizzeria Alter Bahnhof, Bahnhofstraße 3, Sprockhövel
Hotel & Restaurant Eggers, Hauptstraße 78, Sprockhövel
Café Adele, Steinhagen 1, Hattingen

Kartentipp: **ADFC Regionalkarte radrevier.ruhr Ost**

TOURSTART

Wir starten am Bahnhof von Wuppertal-Vohwinkel, den wir nach rechts verlassen, um hinter der Brücke rechts in die Nathrather Straße einzubiegen. Wir halten uns rechts, erneut rechts in die Homann-, rechts Herderstraße und links Homanndamm. So gelangen wir links auf den Radweg Nordbahntrasse.

Einzigartig: Mit der Bahn über dem Verkehr schweben

Im Vohwinkeler Ortskern rattert die **1 Schwebebahn**. 1901 war es eine Sensation, als diese 13 km lange Hochbahn in Betrieb genommen wurde. Mit bis zu 60 km/h verbindet die „einschienige Hängebahn System Eugen Langen", so der offizielle Titel, die Endhaltestellen Vohwinkel und Oberbarmen. Das Traggerüst der Bahn überspannt abwechselnd Straßen oder Fluss in einer einzigartigen und zugleich filigranen Art.

Die Nordbahntrasse verläuft etwas hügelig mit einer leichten, mit dem E-Bike kaum wahrzunehmenden Steigung. Dafür aber komplett autofrei!

Willkommen auf der **2 Nordbahntrasse**! Wo das Radfahren vor einigen Jahren aufgrund des dichten Straßenverkehrs und der vielen Berge nahezu unmöglich war, gleiten wir nun auf einer breiten, asphaltierten Trasse durch das Tal der Wupper auf einer alten Bahntrasse. Fünf beleuchtete, bis zu 722 m lange **Tunnel** sowie mehrere **Viadukte** garantieren für Kurzweil auf der Strecke. Teils rollen wir direkt an den Fenstern der benachbarten Häuser vorbei – und zwar in der dritten Etage! Die Highlights der Trasse sind: Dorptunnel, Bahnhof Ottenbruch, Tunnel Dorrenberg, Mirker Bahnhof, Engelnberg Tunnel, LEGO-Brücke, Tunnel Rott, drei Viadukte hintereinander und der Bahnhof Wichlinghausen.

Am ehemaligen Bahnhof Wuppertal-Wichlinghausen fahren wir weiter geradeaus und folgen den Schildern Richtung Schee und Sprockhövel.

Von dem **ehemaligen Bahnhof Wuppertal-Wichlinghausen** wurde vieles erhalten, so dass wir den Eindruck haben, als würde jeden Moment ein Zug einfahren.

Interessant ist die 3 **Wichern-Kapelle** an der Radwegekreuzung. Sie wurde in Gedenken an den evangelischen Theologen Johann Hinrich Wichern errichtet, der von 1808 bis 1881 lebte und Zeit seines Lebens als prägende Persönlichkeit der diakonischen Arbeit galt. Die farbenfroh gestaltete Kapelle setzt auch heute wieder ein Zeichen, denn sie wurde in einem Gemeinschaftsprojekt erstellt, in dem vor allem Langzeitarbeitslose tätig waren. Im Oktober 2014 begonnen, konnte das Gotteshaus schon 6 Monate später eingeweiht werden. Ausnahmslos alle am Bau beteiligten Personen werden auf der Homepage namentlich mit den verrichteten Arbeiten genannt – ein tolles, soziales Projekt, von denen es viel mehr geben sollte!

An der Radwegekreuzung beginnt auch die **Schwarzbachtrasse**, die weiter durch das Tal führt. Ein kleiner Abstecher lohnt sich, denn wir rollen durch einen langen, gebogenen **Tunnel** mit roten Lichtinstallationen. Hinter dem Tunnel folgt eine **„LEGO-Brücke"**.

Ebenfalls an der Wegekreuzung liegt **„Wicked Woods"** mit halsbrecherischen Rampen für Skater, BMX´ler, Rollern oder anderen rollenden Gerätschaften.

Eindeutig: Das ist die LEGO-Brücke!

Die Nordbahntrasse schmiegt sich für kurze Zeit an eine Straße, um dann wieder jenseits des Verkehrs mit etwas Steigung in einem weiten Bogen zu verlaufen. Der Weg folgt weiter der Trasse und führt am ehemaligen Haltepunkt Bracken vorbei.

Der **Haltepunkt Bracken** und eine Holzskulptur des Künstlers Michael Kaiser signalisieren uns, dass wir die Ortschaft Nächstebreck durchrollen.

Beim Tunnel Schee haben wir den höchsten Punkt unserer Tour erreicht. Unbemerkt rollen wir unter der A46 her.

Das obere Sprockhöveler Bachtal steht unter Naturschutz

Reisemobilstellplätze an oder nahe der Route

Wohnmobilstellplatz Wuppertal, Nächstebreck-Ost, Wuppertal

Campingplatz „An der Kost", An der Kost 18, Hattingen

Wohnmobilstellplatz Ruhrtal, Ruhrdeich 24, Hattingen

Campingplatz Ruhrbrücke, Ruhrstraße 6, Hattingen

Wohnmobilstellplatz Landhaus Grum, Leinpfad, Hattingen

E-Bike Ladestationen an oder nahe der Route

Akku-Ladestationen am Einkaufszentrum Akzenta Vohwinkel, Wuppertal

Rentabike, an der Nordbahntrasse, Wuppertal

Skaterhalle Wicked Woods, an der Nordbahntrasse, Wuppertal

Pedelec Tankstelle, Heggerstraße 38, Hattingen

722 m lang ist der **Scheetunnel**, der einst für den Schienenverkehr mit zwei Röhren angelegt wurde. Ab 1884 rollte hier die „Kohlenbahn" von Hattingen nach Barmen. Der östliche Tunnel blickt auf eine bewegte Vergangenheit zurück: Während des Zweiten Weltkriegs gab es die sogenannte „U-Verlagerung": Wichtige Rüstungsbetriebe wurden unter Tage verlagert und so diente eine Tunnelröhre von Schee unter dem Tarnnamen „Kauz" zum Bau von Flugzeugelementen. Auf der anderen Seite des Tunnels passieren wir den **ehemaligen Bahnhof Schee**.

*Nach wenigen Metern auf der Eisenbahnstraße wechseln wir auf den Kohlenbahn-Radweg, der uns (an den **Knoten** 8 und 7 vorbei) kurvig an Sprockhövel vorbei bringt.*

Der **Kohlenbahn-Radweg** passiert Niedersprockhövel, das im Jahr 1000 als „Spurkinhuvelo" erstmals in den Büchern auftauchte, was so viel bedeutete wie „Wacholderhügel". Ein Stück weiter liegt das **Naturschutzgebiet Oberes Sprockhöveler Bachtal**.

Auch hinter Sprockhövel bleiben wir auf der ehemaligen Bahntrasse, die hier auch Glückauf-Trasse genannt wird.

Für die nächste Abwechslung an der Strecke sorgt das **Brückenbauwerk „Im Riepelsiepen"**. Im Jahr 1884 wurde diese Steinbogenbrücke errichtet und zwar aus dem Sandstein, den man hier abbauen konnte – Nachhaltigkeit wurde damals also groß geschrieben, ohne es so zu nennen!

Wir erblicken den **Malakow-Turm** der ehemaligen **Zeche Alte Haase**. Die Zeche hier war schon im 17. Jh. in Betrieb und damit eine der ältesten Steinkohlezechen im Revier. Bis 1969 wurde das schwarze Gold zu Tage gefördert.

Die Kohlenbahn- bzw. Glückauf-Trasse trifft bei Lembeck auf die querende Nierenhofer Straße. Deren Radweg folgen wir nach rechts und erreichen nach wenigen Minuten den Hattinger Bahnhof, wo unsere Tour endet.

Die Altstadt von Hattingen liegt gleich gegenüber des Bahnhofs. Fast 150 bestens erhaltene mittelalterliche **4 Fachwerkhäuser** schmiegen sich an enge Gassen und laden ein, uns in den zahlreichen Cafés und Biergärten niederzulassen. Die Fußgängerzone war übrigens eine der ersten in ganz Deutschland.

In Hattingen MÜSSEN wir einfach einkehren!

Das **historische Rathaus** entstand 1576 und ist heute ein Heimatmuseum. Ein Stück weiter finden wir die Georgs-Kirche mit einem schiefen Turm. Besonders fotogen ist das **5 Bügeleisenhaus**. Aufgrund des kleinen Grundstückes entstand Anfang des 17. Jhds. diese eigenwillige Giebelform, die an ein Bügeleisen erinnert. Einer von ehemals 7 **Stadttürmen** ist der Bruchtorturm, vor dem die Figurengruppe namens „Eisenmänner" steht.

Die Geschichte Hattingens reicht bis 990 zurück. Die Gründung der **Henrichshütte** im Jahre 1854 brachte den größten Aufschwung. Eisen und Stahl wurden erzeugt und direkt vor Ort weiter verarbeitet mit Walzwerk, Schmiede, Dreherei und anderen Produktionszweigen. Zur Blütezeit malochten hier 10.000 Beschäftigte. Der letzte Hochofen wurde 1987 stillgelegt, was im **Museum** dargestellt wird.

Ein Ausflug in die Geschichte: das LWL-Freilichtmuseum

Tour 30 Länge 22 km

HANDWERK UND TECHNIK VON ANNO DAZUMAL

Rundtour von Hagen über Waldbauer und Selbecke

Dies ist eine Tour für waschechte E-Bike-Fans, die Ihre Akkus mal so richtig testen wollen. Vom Hauptbahnhof Hagen rollen wir ins Tal des Mäckingerbachs, wo das einzigartige Freilichtmuseum auf uns wartet. Nachdem wir historische Technik in all´ ihren Facetten kennengelernt haben, kommt ein Teil für die diejenigen, die sich auch auf Straßen wohl fühlen.

Was erwartet mich?

22 km, eine kurze Tour mit einer langgezogenen Steigung in der ersten Hälfte und 303 Hm auf einem Mix von zu Beginn Radwegen in der Stadt, dann überwiegend Straßen, asphaltierten Wirtschaftswegen, naturbelassenen Wegen und Pfaden – zum Teil beschildert mit Knotenpunkten sowie als R33.

Wie komm ich hin?

ÖPNV: Hauptbahnhof Hagen

Mit dem Auto: Parkplätze auf dem Berliner Platz vor dem Hauptbahnhof Hagen

Was muss ich sehen?

1 LWL-Freilichtmuseum Hagen

2 Kartbahn

Wo tank ich auf?

Café-Restaurant Rosengarten, Selbecker Straße 213, Hagen-Selbecke

Konditorei Hoyer, Hauptstraße 12, Breckerfeld-Waldbauer

Restaurant „Zum Tanneneck", Selbecker Straße 282, Hagen-Selbeck

Kartentipp: **ADFC Regionalkarte radrevier.ruhr Ost**

TOURSTART

*Wir starten vom Vorplatz des Hauptbahnhofes von Hagen (**Knotenpunkt** 69), den wir über den Graf-von-Galen-Ring in die Bahnhofstraße zum **Knoten** 68 verlassen. Hier geradeaus, vor dem Volkspark links in die Karl-Marx-Straße, geradeaus über die Körnerstraße und hinter der Brücke direkt rechts. Am **Knoten** 67 geradeaus, bis wir mit der Hasselstraße eine Linkskurve vollziehen, unter den Schienen und über die Volme radeln.*

Gleich hinter den Häusern plätschert die **Volme**, eine „echte Sauerländerin": In der Nähe von Meinerzhagen liegt der Beginn des Flusses. Von hier mäandert die Volme durch ein teils enges Tal und tangiert dabei die Orte Kierspe, Lüdenscheid, Halver-Oberbrügge und Schalksmühle. Nach rund 50 km mündet die Volme hier in Hagen in die Ruhr. Schon seit langer Zeit wird der Fluss intensiv durch die Industrie genutzt: Es gab **Mühlen**, Schmieden und **Hammerwerke**, in denen meist Metalle verarbeitet wurden. Bis heute ist das Volmetal an vielen Stellen von Betrieben geprägt, die das Wasser zwar nicht mehr zum Antrieb, wohl aber zur Kühlung der Maschinen brauchen.

An der Ampelkreuzung in Eilpe zweigen wir erst links in die Eilper, dann rechts in die Selbecker Straße ab.

*Die Selbecker Straße steigt sanft, aber merklich an, so dass wir die E-Motoren bereits einschalten können. Am **Knotenpunkt** 71 zweigen wir rechts ab und erreichen den Eingang des Freilichtmuseums.*

Das 1 **„LWL-Freilichtmuseum Hagen – Westfälisches Landesmuseum für Handwerk und Technik"** gehört zu den sehenswertesten Technikmuseen Deutschlands. Zu Beginn des 20. Jhds. wurden überall im Land alte Betriebe abgerissen und Maschinen verschrottet. Im Jahre 1929 war es Alfred Finke, seinerzeit Oberbürgermeister von Hagen, der die Idee hatte, ein Freilichtmuseum für technische Kulturdenkmale einzu-

Blick auf das Ruhrgebiet von den Ruhr-Steilhängen von Hohensyburg und Hagen.

richten. Auf diese Weise sollten herausragende Erfindungen und Entwicklungen der Industriegeschichte für die Nachwelt erhalten bleiben. Als idealen Standort fand man das Tal des Mäckinger Bachs, denn hier gab es die drei wichtigen „W" der damaligen Technik: Wasser, Wind und Wald.

Die Aktivitäten wurden durch den Zweiten Weltkrieg zurückgeworfen, doch nach dem Krieg kam wieder Bewegung in die Sache. Der Leiter des Hochbauamtes Dortmund wurde zum ersten Direktor des Freilichtmuseums – und sollte es bis 1987 bleiben. Bei der offiziellen Gründung im Jahre 1960 war es deutschlandweit neben München und Detmold das einzige Museum, das sich dem Erhalt alter Techniken widmete. Und so wurden auf dem riesigen Areal von 42 ha. inzwischen 60 Werkstätten aufgebaut, die andernorts zuvor abgetragen wurden.

Dabei entstand nicht nur ein unglaublich vielseitiges, sondern auch ein lebendiges Museum, in dem mit historischen Maschinen und Anlagen gearbeitet wird. Oft ist es bei den Vorführungen heiß und laut – aber nur so können wir uns vorstellen, wie hart die Arbeit an diesen Anlagen einst war. Bei dem Besuch des Geländes entdecken wir u.a. Kuhschellenschmiede,

Spannende Techniken:
das Zinkwalzwerk....

Messingstampfhammer, Kupferhammer, Zinkwalzwerk, Kleineisenzeugschmiede, Aufwerfhammer, **Sensenhammer**, Seilerei, Treibriemenwerkstatt, Tabakfabrik, Getreidemühle, einen großen Teich und die LWL-Druckerei. Rund um die Museumsterrassen gibt es die Möglichkeit, sich mit leckerem Essen einzudecken oder die Kinder auf dem Spielplatz toben zu lassen. Das **LWL-Museumsdorf** mit einem Dorfplatz in der Mitte gibt uns Einblicke in das dörfliche Leben von anno Dazumal. Besonders spannend ist die **Museumsbäckerei**, in der wir Stuten mit oder ohne Rosinen erwerben können, der nach traditioneller Backkunst hergestellt wurde. Das macht bestimmt Durst, den wir dann mit einem Mäckinger Bier aus der Brauerei stillen können.

*Unser Weg schlängelt sich links um das Gelände des Freilichtmuseums herum, folgt dem Verlauf des Mäckinger Bachs und steigt deutlich an. An der T-Kreuzung (**Wegepunkt** ❶) zweigen wir rechts ab in die Waldbauerstraße. An der Bushaltestelle wieder links.*

Der **Mäckinger Bach** begleitet uns auf den nächsten Kilometern, wobei sich die Natur um uns herum immer wieder verändert. Felder wechseln sich mit dichten Wäldern ab, doch die Ruhe bleibt uns erhalten.

Nun schalten wir die E-Bikes auf volle Stufe und kurbeln auf der Waldbauerstraße den steilen Berg hinauf in den gleichnamigen Ort. Nun haben wir den höchsten Punkt der Tour erreicht.

Das Hagener Stadtgebiet haben wir verlassen und kurbeln auf Breckerfelder Territorium, wenn wir den Ort Waldbauer erreichen. Die bis 1975 selbständige Gemeinde liegt auf mehr als 400 m Höhe und war bereits vor langer Zeit besiedelt. Darauf lassen Funde schließen, die auf eine prähistorische Zeit datiert wurden. Neben einigen größeren **Höfen** und Weilern bildet Zurstraße sozusagen das Ortszentrum von Waldbauer. Direkt am Ortseingang entdecken wir das **Ehrenmal Zurstraße**, das an die Opfer des Krieges gedenkt.

In der Ortsmitte von Waldbauer rechts auf die Hauptstraße, auf der wir schwungvoll bergab rollen.

Reisemobilstellplätze an oder nahe der Route

Wohnmobilstellplatz „Am Lennpark", Im Klosterkamp, Hagen-Hohenlimburg
Campingplatz Hohensyburg, Syburger Dorfstraße 69, Dortmund
Wohnmobilstellplatz Herdecke, gegenüber Vorhaller Weg 2-4, Herdecke

E-Bike Ladestationen an oder nahe der Route

Mark-E-Gebäude (mit Zugangskarte), Körnerstraße 40, Hagen

...und der Sensenhammer

Direkt am Wegesrand liegt das Motodrom Hagen. Hier entstand bereits im Jahre 1963 die erste 2 **Kartbahn**, womit das Motodrom als eine der ältesten Anlagen Deutschlands gilt.

Durch die stark abschüssige Straße erreichen wir rasch Selbecke, das wir auf der Hauptrichtung durchrollen.

Oberhalb des Ortes Selbecke steht eine **Skulptur** auf einer Lichtung im Wald. Der Künstler Reezmann schuf diesen gut gekleideten Herren, der mit dem Regenschirm dem westfälischen Wetter trotzt. Die Statue steht hier auf besonderem Boden, denn die meisten Flächen rund um Selbecke wurden als **Landschaftsschutzgebiet** erklärt, um die seltene Natur zu erhalten.

*Ab Selbecke (**Knoten** 71) radeln wir auf unserem Hinweg wieder retour, d.h. es geht immer der Straße nach bis Eilpe, dann links in die Eilper Straße, rechts in die Hasselstraße, hinter Volme und Schienen links auf der Hasselstraße und retour nach Hagen. Die **Knoten** 67 und 68 bringen uns zur Bahnhofstraße und diese zum Hauptbahnhof.*

Informationen über Sehenswertes in der Stadt finden Sie im **Ortsporträt Hagen** (siehe S. 178).

Touren für Entdecker und Genießer ...

Impressum

1. Auflage 2024

Touren/Texte: Oliver Kockskämper, Köln

Titelfoto: © radrevier.ruhr / Dennis Stratmann

Fotos: Oliver Kockskämper (S. 16, 34, 37, 38, 43, 54, 67, 106, 107, 115, 125, 137, 149, 186, 194, 197, 200) sowie © RuhrtalRadweg/Stratmann (S. 2/3, 74, 160, 210), © RuhrtalRadweg (S. 4/5, 11, 72, 84, 177), © radrevier.ruhr/Jochen Tack (S. 6/7, 191), © Ruesterstaude/wikimedia (S. 8/9), © Tuxyso/wikimedia (S. 12, 64, 70 unten, 76 unten, 77, 93, 95, 96 oben, 97, 100), © Dietmar Rabich/wikimedia (S. 14, 19, 120), © Rolfcosar/wikimedia (S. 17, 31), © Steffen Schmitz (Carschten)/wikimedia (S. 20, 23, 25, 32, 42, 46, 47 unten, 48), © skuter56/Pixabay (S. 26), © Daniel Ullrich/wikimedia (S. 28), © Museum2020/wikimedia (S. 29), © Uwe Barghaan/wikimedia (S. 30), © Klaus Graf/wikimedia (S. 35), © Sven Tombers/wikimedia (S. 40), © Dat doris/wikimedia (S. 41, 113 unten), © Ruhr Tourismus/Dennis Stratmann (S. 44, 88, 150, 204), © Mabit1/wikimedia (S. 47 oben), © Ruhr Tourismus (S. 50), © Zairon/wikimedia (S. 53), © Willi Heidelbach/Pixabay (S. 55), © Ruhr Tourismus/Per Appelgren (S. 56), © HansPeter/wikimedia (S. 58), © Thomas Machoczek (S. 59), © Ruhr Tourismus/Achim Meurer (www.achimmeurer.com) (S. 61, 62, 68), © Georg fourtyfour/wikimedia (S. 65), © Günter Seggebäing/wikimedia (S. 66), © Ruhr Tourismus/Tack (S. 69), © orensteiner/pixabay (S. 70 oben), © Ruhr Tourismus/Frank Vinken (S. 71, 87 oben, 143 oben), © Островский Александр/wikimedia (S. 75), © Burkhard Mücke/wikimedia (S. 76 oben, 98), © Avda/wikimedia (S. 78), © secular mind/wikimedia (S. 81), © giggel/wikimedia (S. 82, 87 unten), © Sir Gawain/wikimedia (S. 83), © Zairon/wikimedia (S. 85), © Txllxt TxllxT/wikimedia (S. 86 oben), © Andreas Praefcke/wikimedia (S. 86 unten), © YvoBentele/wikimedia (S. 90), © DiAuras/wikimedia (S. 92, 104, 108, 169 unten, 214), © Carschten/wikimedia (S. 94), © Radler59/wikimedia (S. 96 unten), © Frank Vincentz/wikimedia (S. 101, 112, 126, 154, 164, 170, 171, 174, 187), © herbert2512/Pixabay (S. 103), © Ruesterstaude/wikimedia (S. 109), © Ulrike-Foto/wikimedia (S. 110), © hespasoft /AdobeStock (S. 113 oben), © seier+seier/wikimedia (S. 114), © Römer-Lippe-Route/Stratmann (S. 116, 121, 127), © Eurext/wikimedia (S. 119 oben), © Arnoldius/wikimedia (S. 119 unten), © Sebastian Cintio (S. 122), © S Bladen/wikimedia (S. 124), © Rainer Knäpper/wikimedia (S. 128), © Raenmaen/wikimedia (S. 130), © Jan Föst/wikimedia (S. 133), © Gerhard Rieß/flickr (S. 134), © Matthias Böhm/wikimedia (S. 138), © Watzmann/wikimedia (S. 139), © Römer-Lippe-Route (S. 140/141), © Foto Fitti/wikimedia (S. 142), © Gliwi/wikimedia (S. 143 unten), © radrevier.ruhr/Tack (S. 144), © Georgelvan/wikimedia (S. 146), © Travelswiss1/flickr (S. 147), © radrevier.ruhr/Schlutius (S. 148), © 84264/pixabay (S. 151), © Travelswiss1/flickr (S. 152 oben), © Michielverbeek/wikimedia (S. 152 unten, 198), © Joergelman/Pixabay (S. 153), © Deutsches Bergbau-Museum Bochum (S. 156), © RTG/Nielinger (S. 157), © Michielverbeek/wikimedia (S. 159), © Rainer Halama/wikimedia (S. 162, 175), © Daniel Mennerich/flickr (S. 163, 220), © RuhrtalRadweg/Achim Meurer (S. 165), © LWL-Industriemuseum/Sebastioan Cintio (S. 166), © Timo Rüßler/wikimedia (S. 169 oben), © Klaus Bärwinkel/wikimedia (S. 172, 179 oben, 179 unten, 180, 181, 221), © Klaus Ehlers/wikimedia (S. 178), © 652234/Pixabay (S. 182), © Mathias Appel/flickr (S. 184), © J.-H. Janßen/wikimedia (S. 185), © Ruhr Tourismus/Hannes Woidich (S. 188), © Mbdortmund/wikimedia (S. 189, 212), © Lucas Kaufmann/wikimedia (S. 190), © Sonnenschein 2511/wikimedia (S. 192), © Jens Seiler/wikimedia (S. 195), © Smial/wikimedia (S. 201, 209), © Asio otus/wikimedia (S. 203), © Sascha Grosser/wikimedia (S. 207), © AlterWolf49/wikimedia (S. 208), © wnwtal/wikimedia (S. 213), © Ruhr Tourismus/Stefan Ziese (S. 215), © Tourismus NRW eV (S. 216), © EllyMiller/iStock (S. 219).

Buchgestaltung: Horst Krückemeier, www.hokrue.de, Bielefeld

Layoutkonzept und Umschlaggestaltung: Alexandra Struve, www.designundich.de, Braunschweig

Kartografie: BVA BikeMedia

ISBN: 978-3-96990-211-0